读懂孩子的心

王劲松 / 编著

吉林文史出版社
JILIN WENSHI CHUBANSHE

图书在版编目（CIP）数据

读懂孩子的心 / 王劲松编著 . -- 长春 : 吉林文史
出版社 , 2023.5

ISBN 978-7-5472-9143-6

Ⅰ . ①读… Ⅱ . ①王… Ⅲ . ①家庭教育－教育心理学
Ⅳ . ① G78

中国版本图书馆 CIP 数据核字 (2022) 第 196650 号

读懂孩子的心
DU DONG HAIZI DE XIN

编　　著　王劲松
出 版 人　张　强
责任编辑　张涣钰
封面设计　郑金霞
出版发行　吉林文史出版社
地　　址　长春市净月区福祉大路 5788 号出版大厦
印　　刷　天津海德伟业印务有限公司
开　　本　640mm×910mm　　1/16
印　　张　12
字　　数　113 千
版　　次　2023 年 5 月第 1 版
印　　次　2023 年 5 月第 1 次印刷
书　　号　ISBN 978-7-5472-9143-6
定　　价　69.00 元

初为父母，当我们第一眼看到自己的宝宝时，内心都会暗暗对自己说："我一定要竭尽所有，把最好的东西给我亲爱的孩子。"在陪伴孩子成长的过程中，我们对于孩子的一颦一笑、一举一动都会非常关注，孩子任何细微的变化和异常的表现，都会牵动着我们的心。

然而，随着孩子的逐渐成长，尽管我们把他像宝贝一样捧在手心里，在他身上倾注全部的爱，但是这个小家伙却经常会有一些我们无法理解甚至无法接受的言行。比如，他明明吃得饱饱的、穿得暖暖的，可就是不肯自己乖乖玩，非要缠着妈妈抱；明明给他做了营养可口的饭菜，他就是不好好吃；明明多次告诉他，有大小便时要及时去厕所，他却非把衣服弄脏；明明不停地跟他强调要爱惜玩具，他非要把玩具拆掉、摔坏；明明告诉他不可以在墙上乱涂乱画，他却偏偏把墙壁画得乱七八糟……

这时，我们就会感到很困惑：孩子为什么这么"不听话"？他的心里到底在想什么？我们该怎么做，才能读懂他的心，矫正他的言行，帮助他健康、快乐地成长呢？

其实，世界上从来就没有不可理喻的孩子，只有读不懂孩子心理的爸爸妈妈。孩子的心理是非常微妙的，很多时候，他们所表现出来的一些行为、情绪等，背后一定隐藏着特殊的心理动机。作为孩子最亲近的人，我们需要掌握一些心理学知识，通过孩子的言行举止、情绪变化来了解他们的心理状态，从而有的放矢地帮助他们解决问题，引导他们健康成长。

尤其对于0~3岁的孩子来说，他们的语言表达能力还不够强，有时无法清晰地表达出自己的需求，只能用一些行为或哭闹来表达情绪，这就会让爸爸妈妈困惑不解，有时甚至感到厌烦，采用了错误的方法来应对，结果就可能影响孩子身心的正常发育，甚至会让孩子的成长偏离正轨。心理学家通过研究发现，很多成年人之所以会出现一些不恰当的言行举止，与他们在幼年时期所受到的伤害密切相关。

但是，如果我们能尝试着去探索孩子这些行为或状态的深层次心理原因和内在的情感需求，可能就会更好地理解孩子，帮助孩子解决他们无法解决的问题。为此，当孩子发脾气时，当孩子不明原因地哭闹不止时，当孩子不肯睡觉时，当孩子说谎时，当孩子打人时，当孩子吃手时，当孩子到处乱涂乱画时……我们都不要急于责备他、批评他，更不要用粗暴的方式去强行制止他，而是要耐心地去挖掘孩子这些"反常"行为背后隐藏的心理动机，然后再有的放矢地引导孩子朝着积极、正确的方向成长。就像一位儿童心理学家说的那样："孩子的心就是一把锁，唯有'知心'这把钥匙，才能打开孩子的心门。"

　　3 岁正是孩子身心发育的一个重要奠基阶段，如果爸爸妈妈能了解孩子在此阶段的发展规律及特点，就能更加深入地了解他们的动作、语言、情绪背后的心理状态，读懂孩子的内心世界。而本书就是从儿童心理学的角度出发，从孩子的成长规律、个性发展、情绪发展、行为发展、智力发展、家庭关系等几个方面入手，向新手爸妈介绍了 0~3 岁孩子成长的整个过程。希望通过阅读本书，新手爸妈可以了解儿童心理发展的基本规律，提前识别出孩子在这个阶段出现的各种行为表现以及情感需求，解读孩子的各种"怪癖"，并拥有足够的知识和技能来应对孩子成长过程中出现的种种现象与问题，从而给予孩子充满爱的引导与帮助，陪伴孩子成长，与孩子共同进步。

目录

第一章

既要照顾身体，也要滋养心灵

　　许多父母认为，宝宝出生后，只要能吃好、穿好、身体健康就行，却忽略了宝宝的心理健康。其实，宝宝健康的心理往往比健康的身体更重要。科学研究表明，孩子在1~3岁所经历的一切，会影响其一生的发展。所以，如果我们能从孩子的每一言、每一行、每一个微笑、每一声啼哭中洞察他们行为习惯背后的心理动机，就会理解他们成长过程中为什么会出现种种"奇异行为"，从而更加科学、周到地照顾他们的身体，滋养他们的心灵，让他们健康、安全、快乐地跨出生命中的第一步。

新生宝宝90%的时间都在睡

小贴士

> 婴儿在刚刚出生的一个月里，每天似乎只有两件事可做：吃、吃、吃，不断地吃；睡、睡、睡、不停地睡。但是，宝爸宝妈们千万不要以为，此时的宝宝只要吃好、睡好就足够了。远远不够！那么，新手爸妈还应该注意些什么呢？一起来看看吧。

经过 10 个月紧张而甜蜜的期待，宝宝终于出生了。柔软的襁褓代替了妈妈温暖的子宫，宝宝从此开始接触到妈妈身体之外的世界，他会不会紧张呢？

实际上，宝宝在刚出生的一个月里，每天似乎只有两件事可做：吃奶和睡觉。除了吃奶、哭、排便之外，一天之中有 90% 的时间都在睡觉，每天差不多要睡上 20~22 小时，仿佛是一个小"睡神"。

这时，一些新手爸妈就开始担心了：宝宝怎么老睡觉呢？这样不停地睡觉正常吗？

其实，新生宝宝爱睡觉是非常正常的，而且充足的睡眠不但可以促进宝宝的生长发育，还是宝宝身心健康的保障。睡眠不足的宝宝容易出现情绪低落、烦躁易怒等现象，甚至会严重影响心理发育。

睡在"蛋壳"中的宝宝

对于刚出生不久的宝宝来说，周围的一切都是混沌的，就犹如一个鸡蛋一样，而他自己则像睡在"鸡蛋"当中，只能模糊地感知到周围的声音和妈妈的气味，但此时在他的意识中，还无法区分自己和外界、自己和他人。在心理学上，这一时期被称为宝宝的"自闭阶段"。

处于自闭状态的宝宝，对外界环境还不感兴趣，但并不意味着外部环境对宝宝的生长发育没有意义。此时，要把自己的全部心神都投注到宝宝身上，变身为一个"性能"优良的"孵化器"，为宝宝提供安全、舒适的环境，随时随地回应宝宝的各种需求。

宝宝渴了、饿了、冷了、热了，妈妈不仅要及时给宝宝喂奶、添减衣物，还要能够感同身受地理解宝宝，并通过各种方式增加和宝宝的互动。比如，在宝宝醒着的时候，多和宝宝讲话，多抚触宝宝的皮肤，多抱抱宝宝，让他听听大人的心跳、感知妈妈的体温和气味。这些做法都可以帮宝宝打破"蛋壳"，从自闭走向开放。

远离病态的自闭

宝宝在刚出生的一个月里处于自闭状态是正常的，但如果在这一阶段，新手爸妈不能及时地对宝宝的需求做出恰当的回应，也缺乏对宝宝进行皮肤触摸等适当刺激，宝宝就容易一直停滞在自闭期而走不出来，进而形成一种病态的自闭。那些被诊断为自闭症的孩子，有很多都在婴儿的自闭期遭受了大人的忽视。

美国有一部纪录片，名叫《野孩子的秘密》，其中讲述的是一个名叫吉妮的女童，从出生起就备受父母的忽视和隔离。在吉妮1岁半时，父母就把她拴在一个狭小的房间里，不准她活动。直到13岁被解救出来时，吉妮还不会说话，并表现出很多类似自闭症的行为倾向，如刻板动作、不愿接触他人、好动而富有攻击性等。

心理学家研究认为，吉妮的惨状不但与遭受父母的虐待有关，还和她在婴儿期长期被忽视、被冷漠地对待、缺少外界的回应有关，进而导致吉妮的心理发育停滞在自闭阶段，一直没有走出来。

所以，在宝宝刚刚来到这个世界时，妈妈一定要尽可能地满足宝宝的一切需求，同时通过各种亲密的接触让宝宝感觉到爱和陪伴，增强安全感。

边睡边笑的宝宝

新手爸妈在照顾宝宝时会发现一个有趣的现象，就是宝宝在吃饱后的睡觉期间，经常会时不时地露出甜甜的微笑，有时甚至会笑出声音来。这种情况正常吗？这是不是表示宝宝很满足、很幸福呢？

实际上，出生 1~2 个月时的小婴儿在睡着时微笑，并不是因为觉得幸福、有趣等，这只是因一种条件反射造成的嘴角上扬而形成的笑容，这种笑容叫作"生理性微笑"。尽管如此，它仍然被称为是"天使的微笑"，因为这个微笑可以让周围的亲人感受到幸福、甜蜜，进而想要更多地疼爱宝宝。

宝宝真正有意识的微笑，一般是在出生后 4~6 周的时候，也有些宝宝会笑得更早些。当宝宝感到自己吃饱了、睡醒了、心情很舒畅，或者看到妈妈时，就会露出甜甜的笑容。这时，如果我们多与宝宝进行互动、交流，比如回应他的微笑、跟他说话、给他唱儿歌，或者亲亲他、抱抱他、拍拍他等，都会让宝宝感到特别幸福和满足。而且父母的怀抱越亲密、越温暖，宝宝就越能感受到自己被人疼爱，情绪也会越稳定。

喜欢盯着妈妈的脸

> 刚刚出生的宝宝非常喜欢盯着妈妈的脸，追寻妈妈的目光。他们在妈妈的目光中看到自己，感知自己是被爱的，这个世界是友好的，从而建立起安全的依恋关系。安全的依恋关系不但是宝宝健康成长的重要因素，更是宝宝探索欲、创造力的源泉。

细心的妈妈在给宝宝喂奶时会发现，小宝宝很喜欢一边吃奶一边盯着妈妈的脸。这个时候，如果妈妈也能温柔、充满爱意地看着宝宝，那么宝宝就会在妈妈的目光中陶醉、享受、安心、自在地吃奶、玩耍。如果妈妈在喂奶时心不在焉，宝宝就会不安地活动小手小脚引起妈妈的注意，直到妈妈把目光转移到自己身上。

宝宝学会的第一件事

你知道吗？宝宝出生后学会的第一件事，就是识别妈妈的脸，这与妈妈对他的喂养和照顾是分不开的。能够看到妈妈的脸，会让小宝宝感觉特别安全，这也是妈妈与宝宝之间建立联系的第一步。

在所有人当中，与宝宝接触时间最长、机会最多的就是妈妈，妈妈可以随时随地与宝宝进行交流，比如在给宝宝喂奶时、换尿布时、洗澡时，都可以与宝宝交流。这时，如果妈妈能与宝宝进行目光接触，温柔地看着宝宝，宝宝就会非常开心，甚至会情不自禁地笑起来。而这种至真至纯的笑最具感染力，也会让妈妈不由自主地对着宝宝露出幸福的微笑。

英国著名心理学家温尼科特说："孩子会在妈妈注视的目光中看到自己。"妈妈的目光是温柔的、慈爱的，宝宝就会觉得自己是值得被爱的，这个世界是友好的。相反，如果妈妈因为自身的原因，不能与宝宝进行目光接触，或者看向宝宝的目光不是充满了慈爱的、温暖的，而是厌恶的、嫌弃的，那么宝宝在成长过程中就可能会在心理、情绪、行为、人际关系等方面产生很多问题，严重的甚至会影响智力发育。

所以，妈妈每次跟宝宝在一起时，不光要喂饱宝宝，满足宝宝的营养需求，更要学会给宝宝提供一个情绪安抚、帮他在心理上建立安全感和信任感的过程。宝宝吃奶也不仅仅是为了满足胃的需要，更是满足心灵的渴望。宝宝在吃奶时迷恋地盯着妈妈的脸，渴望和妈妈的目光进行交流，就是在寻求精神上和心灵上的关爱和慰藉。

抑郁的妈妈对宝宝心理发育的影响

有一部分新手妈妈在生完宝宝后，会陷入产后抑郁，通常表现为情绪低落、表情阴郁、无精打采，照料宝宝的兴趣也很低，有的甚至会讨厌自己的宝宝，减少哺乳次数，更不要说和宝宝进行目光对视、亲昵互动了。

陷入抑郁状态的妈妈很容易忽视宝宝的情感需求，甚至还可能会厌烦和排斥宝宝的需求、哭闹。这种不良状态的母婴互动会导致宝宝早早地产生消极情绪，形成不安全的依恋关系，继而经常表现为哭闹、昼夜颠倒、难以安抚等。然而，这一切表现又会引发妈妈对宝宝的进一步排斥。

经常遭受排斥和忽视的小宝宝还会出现类似于"情感剥夺"的体验，情绪容易出现焦虑、恐惧，或产生依恋障碍等。这样的宝宝在成年后，其人格和情感发展也会出现问题。比如，有些孩子长大后会表现出共情能力差、无法体会他人的痛苦，甚至以折磨他人为乐的反社会人格等特征。

利用一切机会与宝宝交流

在妈妈温柔的目光中，婴儿会感受到自己是安全的、被爱的，从而建立起对这个世界最初的信任和对他人的依恋。英国精神病学家鲍比很早就提出了一个观点：婴儿和母亲之间形成的温暖、亲密的依恋关系，能使婴儿获得情感上的满足和享受，一旦缺乏，就可能会造成重大的心理创伤，甚至会有生命危险。

这就提醒妈妈，在与宝宝相处的过程中，一定要利用一切机会与宝宝进行互动、交流。比如在为宝宝洗澡时，可以温柔地望着宝宝，并对宝宝说："妈妈要给宝宝洗澡啦，宝宝最喜欢洗澡了。""宝宝可真乖呀，妈妈好喜欢宝宝哦！"虽然此时宝宝可能还不会用语言回应妈妈的话，但他们能看到妈妈温柔的目光、微笑的面孔，这些都会令他们感到幸福和安全。

总之，当宝宝的内心需要关爱的时候，妈妈如果能够及时地回应宝宝，宝宝就能从妈妈慈祥、温柔的目光中看到自己，感知到自己是被爱的，这就好像在他们的内心世界里建立了一个安乐的小窝，让他们内心充满安全感和依赖感，从而与外界建立起安全的依恋关系。这种安全的依恋关系不但是宝宝健康成长的关键因素，更是促进宝宝探索欲、创造力发展的重要源泉。

饿，是一种被抛弃感

　　宝宝因为饥饿而哭闹时，如果得不到妈妈的及时回应，时间久了，宝宝就会把这种感受内化为一种核心信念：我的需要没人理会，我随时可能会被饿死，这个世界是不安全的。

　　很多新手妈妈一看到宝宝哭闹，第一个反应就是喂奶，先把宝宝的哭声止住再说，这样很可能会导致宝宝被过度喂养。在正常情况下，新生宝宝的哭声往往代表四个信息：首先是"饿了，要吃奶"；其次是告诉妈妈"尿布湿了，不舒服"；再次就是"受到了惊吓，很害怕"；最后则是因为患有某种疾病，或者纯粹就为了"求安慰"，故意哭给妈妈听，让妈妈赶快来抱抱自己、拍拍自己，满足自己的情感需求。

　　那么，妈妈要怎样从宝宝的哭声中判断出不同的情况呢？最关键的是，妈妈要怎样判断宝宝是因为饥饿才哭的呢？

怎样判断宝宝饿了

　　宝宝在饥饿时，往往会发出哭声，这种哭声一般是从弱变强，再从强变弱，很有节奏感，并且很响亮，仿佛在对妈妈说：“再不给我吃奶，我就发火啦！”有时，还会伴着歪头、噘嘴或向四周张望探索的动作。这时，妈妈要马上将宝宝抱起来，安慰宝宝：“宝宝饿了是吧？好，妈妈马上就来喂宝宝吃奶哦！”

如果是母乳喂养，那会更加方便快捷。喂奶时，如果宝宝吸吮非常用力，那就表明他很饿了。在吃奶的时候，宝宝会感觉特别幸福，这时如果妈妈适当跟宝宝进行互动，比如对宝宝说：“宝宝真棒，吃得真香呀！”就会让宝宝吃得更加开心、更加愉快。切忌一边喂宝宝吃奶，一边做别的事情，一副心不在焉的样子，这会让宝宝感觉自己被忽视。

不过，如果宝宝并不吃奶，或者吃几口后就主动停止，就表明他不是因为饿而哭闹，遇到这种情况就不要喂奶了，而是要从其他方面找找原因。

有人提出，如果大人用手触碰宝宝的脸，宝宝转头找你的手并吸吮，就说明他饿了，其实这只是宝宝的一种觅食反射。刚出生的宝宝不论是否饥饿，只要你用手指触碰他的脸，他都会转过头用嘴含住大人的手指，这种反射通常在宝宝出生 3 个月以后就会消退。所以，利用这种方法来判断宝宝是否饥饿并不准确。

及时回应宝宝的饥饿

宝宝因为饥饿而哭闹的时候，如果妈妈没有及时给宝宝喂奶，时间久了，就会在宝宝的内心深处内化为一种核心意识：我是不被重视的，没人理会我的需求，这个世界是不安全的，我随时可能会被饿死。

心理学家也指出，在宝宝的需求无法得到及时回应时，或者父母对婴儿有抱持缺失，都很容易导致婴儿的安全感不足。这样的孩子长大后，也会觉得世界是不安全的，自己随时都可能被他人抛弃。这样的人在和他人相处时，往往自我价值感也很低，很难信任他人。

哭声是在呼唤妈妈

可别小看我们的宝宝哦！哪怕是出生不久的小宝宝，也有与人交流的渴望。只是他们不会说话，唯一的表达方式就是啼哭，尤其在他们想要跟妈妈交流、获得妈妈关注时，更是哭得厉害。如果妈妈长时间对宝宝置之不理，就会让宝宝产生不安全感。

宝宝在饿了、尿布湿了或不舒服时，都会通过大声啼哭来表达自己的诉求。除此之外，他们还会利用哭来博得爸爸妈妈的情感关注。

那么，新手爸妈该怎样判断宝宝是不是在索求情感关注呢？

其实方法很简单，只要你发现宝宝在哭泣时，眼睛总是盯着爸爸或妈妈看，这通常表明他在跟你撒娇呢！有时宝宝并不会大声地啼哭，只是一边哭一边哼唧，这都是想让爸爸妈妈抱抱自己，是寻求关注和安慰的表现。如果此时爸爸妈妈能过来把宝宝轻轻地抱起来，及时给予宝宝安慰、爱抚，不但会让宝宝感到很愉快、很有安全感，还有利于培养亲子之间的感情。

有度有原则地回应宝宝的哭声

一位新手妈妈最近感到很烦恼，她的宝宝刚刚出生一个月，现在一听到宝宝的哭声，她就感觉心里特别难受，恨不得马上抱起宝宝，给她喂奶。可能月子期间这样起身太频繁，她整个腰都酸痛得厉害，但宝宝又特别爱哭。于是，婆婆就告诉她，她就是太宠宝宝了，这会导致宝宝越来越不好带。真是这样吗？

很多新手妈妈应该都有过这样的困惑：听到宝宝哭，自己就会很着急；但太急着回应，又担心宝宝被宠坏。那么，我们到底该怎样应对宝宝的哭泣呢？

在孩子成长的过程中，宝宝避免不了哭泣。在不同阶段，爸爸妈妈只有对宝宝的哭声做出正确判断和引导，才能培养出一个身心健康的宝宝。

在宝宝刚出生的几个月里，宝宝的哭声多出自生理上的需求，比如饿了、困了、拉尿后不舒服、生病难受等等。妈妈可以通过对宝宝哭声信号的解读来判断宝宝是为什么哭，然后再对宝宝做出及时回应。

一般来说，如果宝宝一边哭，一边做出吸吮动作，那就意味着宝宝饿了，你需要马上喂奶。如果宝宝吃饱后仍然大哭，双腿不停地踢被子，那么你就要检查一下小家伙是不是该换尿不湿了。如果宝宝经常莫名其妙地大哭，喂奶也不喝，抱起来后仍然哭，你就要考虑一下他是不是身体不舒服了。

除此之外，宝宝在无聊时，往往还会通过哭声来召唤妈妈，以引起妈妈的关注和安慰。这时，你就要抱起宝宝，轻轻地摇一摇他，这会让宝宝特别开心。如果你再跟宝宝温柔地讲讲话、逗逗他，小家伙可能立刻破涕为笑。

竖着抱宝宝的"神效"

有些新手爸妈会发现，有时即使把宝宝抱起来，他仍然会哭，但如果竖着把他抱起来，他立刻就不哭了。于是一些老人就会说："这孩子太淘气，以后肯定不好带！"

为什么竖着抱起宝宝，他就不哭了呢？真的是因为他淘气吗？

并非如此。宝宝之所以不哭，是因为竖着抱会让他感觉更舒服。在宝宝 1~2 个月时，他的颈部可能还无法支撑起头的重量，这时竖着把他抱起来的话，他的头部就需要靠在爸爸或妈妈的肩膀上，与爸爸妈妈亲密接触。同时，爸爸妈妈还会托着他的小屁股轻轻晃动，这会让小家伙特别有安全感，会让他觉得"有人在关注我、照料我，我很安全"。

还有一个原因，宝宝被横着抱和竖着抱时，所看到的环境也是不一样的。横着抱时，他只能看到天花板周围的一部分；而竖着抱时，他的视野会变得更加开阔，能够更好地观察到周围的事物，这对于小宝宝来说是非常有吸引力的。当他看到周围各式各样的景色变化时，情绪也会随之改变，这也是小婴儿竖着抱就不哭的原因之一。

由此可见，在宝宝哭闹时，妈妈最好能够及时回应宝宝，或者

把宝宝抱起来安抚一下，千万不要让宝宝一直孤单地哭着。只是需要注意的是，在竖抱一两个月大的宝宝时，一定要用一只手托住宝宝的脖子和头部，另一只手托住宝宝的背部和臀部，这样宝宝才会更安全。

积极回应不等于立即满足

对于 1 岁以内的小宝宝，爸爸妈妈需要倾注更多的爱和关注，当宝宝有需求时要及时给予回应，否则会影响宝宝正常的心理发育和发展。试想一下，对于一个身体协调能力还很差，很多事自己无法独立完成，只能通过哭泣来表达自己需求的小宝宝，作为唯一请求信号的哭声都无法引起任何人注意，他内心的孤独和无助该会是多么强烈呀！

但是，给予宝宝积极的回应，并不等于宝宝有任何要求都要立即满足，而是要区别对待。如果宝宝哭闹是因为身体不舒服，那肯定要立即回应，尽快帮宝宝缓解不适；如果是生理性需求或心理性需求，爸爸妈妈就可以先用声音和肢体动作对宝宝做出回应，比如回应宝宝："宝宝饿了是吗？妈妈马上就来哦！"或者把奶瓶或食物在宝宝眼前晃一晃，让宝宝在积极的状态中等待一会儿，再去满足宝宝。这样就既能让宝宝意识到爸爸妈妈已经听到了他的呼唤，理解了他的需求，从而内心充满希望，获得了安全感，同时又能培养宝宝接受延迟满足的能力，防止宝宝以后养成要求别人对他有求必应的依赖心理。

这样断奶伤害最小

小贴士

为宝宝哺乳，是妈妈和宝宝最享受的时刻，但宝宝总有面临断奶的一天。面对和宝宝的第二次分离，妈妈在照顾好宝宝身体的同时，千万别忘了多多安抚宝宝的小心灵哦！毕竟对于宝宝来说，这是一件需要他克服极大困难才能接受的事情。

对于宝宝和妈妈来说，断奶是一个很痛苦的过程。尤其对于宝宝来说，更像是一个庄重而带有痛苦的仪式。要知道，宝宝在吸吮母乳时，获得的不只是甜美的食物，更多的是体验的满足，这种满足既包括生理的，也包括心理的。现在，这样美好的体验被硬生生地剥夺，宝宝的痛苦可想而知。

但是，这又是宝宝不得不经历的一个过程。为了减轻宝宝的痛苦，妈妈在给宝宝断奶时，一定要掌握方法和技巧。

选择恰当的断奶时间

关于宝宝应该多大断奶，并没有统一的标准。但从心理发展的角度来说，一般在宝宝 8~18 个月时断奶最合适。超过 18 个月尚未给宝宝断奶，可能会对宝宝的心理发育产生影响。因为宝宝过了 1 岁后会越来越懂事，对妈妈的依赖感也越来越强烈，断奶越晚，对宝宝来说就越困难。宝宝的心理发育需要完成与妈妈的分离过程，如果母乳时间过长，可能会延缓这个过程，使宝宝的心理发育固着在婴儿时期，很难成为独立的个体。

另外，关于断奶的季节也要尽量注意一下，一般认为春秋季节比较适合断奶，夏冬两季天气时常不稳定，加上宝宝因为断奶情绪不好，影响肠胃的消化能力，很容易生病。

断奶不能断爱

在给宝宝断奶时，一些妈妈听信了各种"老话"，选择一些很极端的方法来给宝宝断奶，以期达到快速断奶的目的。比如，在乳头上涂抹辣椒油、苦味药物等方法，使宝宝在吃奶时可以"知难而退"，对母乳产生反感，放弃母乳。还有的是干脆让妈妈"消失"，不让宝宝见到妈妈，强迫宝宝忘记母乳。

这些方法都是非常错误的，对宝宝的伤害简直不亚于"酷刑"。

为什么这么说呢？

涂抹药物的方法，会直接摧毁宝宝对妈妈的信任感和安全感。一直以来，妈妈带给宝宝的都是爱、满足、安全、温暖的抚慰。可突然之间，对自己那么好的人却给自己带来了那么痛苦的体验，这会让宝宝感觉自己受到了妈妈的欺骗，继而变得焦虑、愤怒。而且，那些辣椒、苦药等刺激性的食物对宝宝的口腔黏膜也会造成伤害，不但不能帮助宝宝顺利度过这段难熬的时间，还会加重宝宝的痛苦。

直接让妈妈"消失"的方法，以为宝宝看不到妈妈，就会忘记吃母乳这件事，殊不知，这会直接影响宝宝对爱和依恋关系的体验。原本宝宝突然间失去了母乳，内心已经很焦虑了，又找不到妈妈，内心的难过、无助可想而知。

对于宝宝来说，可以没有了妈妈的母乳，但不能没有妈妈的爱，否则就会令宝宝失去安全感，甚至会因此生病。宝宝不仅没断奶，身心健康还会受到影响，简直得不偿失。

有节制地帮宝宝顺利度过断奶期

宝宝从一出生就吃奶，已经习惯了将奶作为主要食物，所以断奶一定要有一个准备的过程，要循序渐进地给宝宝断奶。比如，可以先逐渐减少每天母乳喂养的次数，用其他食物喂养宝宝，逐渐让宝宝接受其他食物后，再准备断奶。

在断奶前，也可以有意识地让宝宝减少与妈妈相处的时间，比如由爸爸、奶奶等来照顾宝宝，给宝宝一个心理适应的过程，让宝宝知道爸爸、奶奶一样爱他，从而帮助宝宝逐渐减少对妈妈的依赖心理。

在断奶期间，妈妈一定不要离开宝宝，尤其在宝宝焦虑地想要吃母乳时，要用拥抱、轻柔的语言来安慰宝宝。比如，可以告诉宝宝："宝宝已经长大了，可以吃很多很多好吃的了，不需要妈妈的奶了。""妈妈来抱抱宝宝，我们一起来跟妈妈的奶说'再见'哦！"或者，通过一些有趣的游戏，转移宝宝的注意力，逐渐缓解宝宝的焦虑情绪。

有些妈妈在断奶前几天看到宝宝焦虑、哭闹后，就忍不住又让宝宝吃奶了，然后过几天再继续给宝宝断奶。这样反复断奶对宝宝来说百害而无一利，很容易给宝宝带来不良的情绪刺激，导致宝宝哭闹、焦虑、情绪不稳、拒食等，甚至患上心理疾病。

所以，只要决定给宝宝断奶，就一定要坚持，不能因为宝宝出现不适应就半途而废。妈妈只需要多在情绪上安抚宝宝，多陪伴宝宝、拥抱宝宝，直至宝宝情绪慢慢稳定下来，逐渐脱离对母乳的依赖。

挑食其实是表达不满

小贴士

困扰很多妈妈的一个问题，就是宝宝的吃饭问题，尤其是挑食问题。但你有没有想过？小家伙挑食也可能是因为他们内心感到不满，比如不喜欢某种食物的味道，或者不想安静地坐在餐桌旁吃，等等。这时，你就要与他"斗智斗勇"了。

宝宝到了 1 岁之后，尤其是断奶之后，每天所吃的饭菜就要丰富起来了。但不少妈妈发现，自己家的宝宝经常挑食，不是这个不吃，就是那个不吃，紧紧地闭着小嘴来回躲避食物。于是，一些妈妈开始担心："宝宝这样挑食，会不会影响成长和发育呀？"同时，妈妈还会自我否认："是不是我做的饭不好吃，宝宝才不爱吃的？我真是个失败的妈妈！"

挑食只是宝宝短期内的阶段性行为

虽然宝宝挑食可能会让妈妈感到焦虑，但儿科营养专家提出，几乎所有的幼儿在某个阶段都会出现挑食现象。这种挑食大多属于阶段性的行为，多数可能是因为他们不喜欢某种食物的味道，通常过了这个阶段后，他们就会爱上曾经挑剔的某些食物了。

科学家发现，婴幼儿在适应一种新食物前，通常要尝试 10~15 次以后才能慢慢接受这种食物。而且，婴幼儿的味觉要比我们成人敏感得多，所有的食物味道在进入他们口中后都会被"放大"，有些我们大人可能感觉很平常、很普通的食物，宝宝吃起来就会感觉味道很刺激、很怪异、很"难吃"，比如茄子、芹菜、青椒、菠菜等。如果是刚刚断奶不久的宝宝，吃惯了微甜的母乳，对除了母乳之外的食物味道更加敏感，因此也更容易产生抗拒心理。

不过，这种情况通常都是阶段性的，如果妈妈能够理解宝宝的这种心理。当宝宝不愿意吃某种食物时，不要强迫他吃，而是慢慢用温柔的语言与宝宝沟通，让宝宝了解这种食物对身体健康的好处，鼓励宝宝稍微尝一尝，只要他能吃一口，就是胜利。适应一段时间后，宝宝可能就会接受这类食物了。

变换食物的花样

如果宝宝不爱吃某类食物，下次妈妈不妨变换一下烹饪方法，或者把食物变个花样做出来。比如，有的宝宝不喜欢直接吃煮得软软的豌豆，那你不妨少煮一会儿，将豌豆煮熟即可，不要煮得太软；也可以把煮好的豌豆放到汤里、饭里，换种方式让宝宝尝试一下。

再比如，宝宝不爱直接吃蒸南瓜，那你可以把蒸熟后的南瓜泥揉入面里，做成彩色的南瓜小馒头、小花卷，或者做成各种卡通图样的小饼，让宝宝产生兴趣。宝宝不爱吃绿叶菜，你也可以把它做成彩色的小馄饨等。

每天为宝宝准备多样化的饭菜，会激发宝宝的好奇心，刺激宝宝的食欲，宝宝爱上吃饭也就不是什么难事了。

给宝宝一定的"自主权"

一般到 2 岁时，宝宝的自我意识开始增强，开始对爸爸妈妈说"不"。这时，你让他吃饭，如果他不是很饿，可能就会故意做出一些与你的要求相反的事情，比如拒绝吃饭、拒绝吃你递给他的某种食物。如果你强行让他吃饭或吃你递给他的食物，就会引起他强烈的反抗情绪。

在这种情况下，妈妈不妨学会适当放权，让宝宝自己来"决定"自己吃什么、吃多少。你可以把食物都摆在宝宝面前，也可以让他自己来摆盘，然后自己选择要吃的东西。获得了"自主权"的宝宝，

往往会迫不及待地享受自己要吃的食物。

在宝宝就餐过程中，如果你发现他一直不吃某种食物，而这种食物又很有营养，你可能就会这样对他说："乖，吃几片胡萝卜好不好？""宝宝，吃一点儿西兰花好不好？"结果你会发现，他又开始闹着不吃饭了。这是因为宝宝会对你的退让感到满意，觉得是自己"赢了"，结果下一次就可能变本加厉地拒绝进食，继续享受说"不"的过程。

所以，如果你打算让他自己做主，最好不要再"掺和"进去。你只要把食物做得丰富、营养一些，他总会吃到自己爱吃的。而且一两岁的孩子本身胃口就小，不会吃下很多，只要他身体健康、成长正常，你就无须太担心他会营养不良。

对打针吃药的恐惧

和大人相比，宝宝的抵抗力要弱得多，很容易因为感染病毒、细菌等生病。这时，我们自然会非常心疼，但同时还会面临一个难题，就是宝宝一看到医生便吓得哇哇大哭，更是对打针吃药充满了恐惧。这该怎么办呢？

宝宝害怕打针吃药，这是一种十分常见的现象。宝宝一旦生病，或者即使不生病，在宝宝需要接种疫苗时，对医生、打针也充满了恐惧。而在很多时候，爸爸妈妈的错误方式不但不能消除宝宝的恐惧，反而让宝宝更加抗拒。

多多因为在外面玩耍不小心淋了雨，夜里发烧了。第二天一早，妈妈忙带多多到医院看医生。虽然医生很和蔼，但因为之前多多打疫苗时见过医生，所以现在认为医生是要给他打针，哭闹着怎么也不配合，还大声喊着："我要回家——要回家，呜呜——"

妈妈忙安慰多多："宝宝乖，没事的，没事的哈，快让医生给看看！"但多多还是挣扎着要走。妈妈生气了，大声斥责多多："你再闹腾，不听话，我就让医生多给你打几针！"

结果，多多哭得更厉害了。

对打针吃药有恐惧心理，这是人的一种自然反应，当人体受到外界刺激时，都会出现这种情况。我们大人尚且会如此，何况年幼的宝宝呢！再者，宝宝的恐惧心理还源于医院的环境，从几个月起，宝宝就要到医院接种疫苗，渐渐地，他们就对穿着白大褂的医生和护士有了记忆，认为只要是来这里，见到这些人，就是给自己打针的，哪怕医生只是掀起衣服给他们做检查，很多宝宝也会大声哭闹起来，以此将自己恐惧的心理表达出来。

尽管如此，宝宝生病时害怕打针吃药，最重要的原因还在于爸爸妈妈的态度。

别用打针吃药吓唬宝宝

很多妈妈喜欢用宝宝害怕的事情来吓唬他们，尤其是宝宝不听话时，而给宝宝打针吃药就是吓唬宝宝的办法之一。一些爸爸妈妈只要发现宝宝不听话，就会说："你再不听话，我就带你去打针了啊！""你再乱扔东西，我就给你找点儿苦药吃！""你再不穿好衣服就要感冒了，到时候我就要带你去看医生啦，医生会给你打针吃药的，药很苦很苦的，打针是很疼很疼的。"……

久而久之，宝宝一听到"打针""吃药""看医生"这类字眼，就会条件反射地情绪激动、感到害怕。结果等到宝宝真的生病，需要看医生、打针或吃药时，由于之前爸爸妈妈给他做的"心理建设"，他自然不会乖乖地配合打"很疼"的针、吃"很苦"的药了。

　　另外，一些新手爸妈一旦发现宝宝生一点儿小病，立刻就会紧张起来，脸上不自觉地流露出担心、焦虑的神情，这种情绪也很容易影响到宝宝。宝宝本来因为生病就不舒服，现在看到爸爸妈妈这么担心、紧张，自己也会感到害怕。

　　实际上，孩子在成长过程中，出现感冒、发烧、拉肚子等情况都再正常不过了，孩子的免疫力也是这样一点点建立起来的。所以，当你发现宝宝生病时，既不要表现出过分的紧张、担心，更不要用吓唬的方式责备宝宝，而是耐心地与宝宝沟通，安抚宝宝的情绪，让宝宝用平和的心态面对自己生病和治疗这件事。

可以哄，不要骗

有些爸爸妈妈为了让孩子配合医生检查或治疗，或者为了让孩子乖乖喝药，就会欺骗他们，比如："医生不打针，不用怕啊！""宝宝不怕，打针一点儿都不疼。""这药是甜的哦，不信你喝一口尝尝。"

客观地说，打针肯定会疼，药也确实会苦，孩子对这些事情有抵触心理非常正常。但是，如果你为了让孩子配合，就欺骗孩子，孩子上当后，可能就会对爸爸妈妈失去信任。要知道，孩子是最信任和依恋自己的爸爸妈妈的，如果连自己最信任的人都骗自己，那孩子的心理会有多么难过！这就会让孩子形成非常差的心理感受，以后再想让他打针吃药，他就会更加抗拒。

所以，当宝宝对打针吃药抗拒时，我们不妨耐心地告诉他："打针确实有一点点疼，但不会很疼，你能忍到5个数就非常勇敢了。""打针疼一下后，我们的病就好了，就不难受了。""药有一点儿苦，不过你吃完药后再喝一口水，就没那么苦了。只有吃药我们的身体才能好起来，我们才能跟小朋友一起玩哦！"

抚慰宝宝的情绪

当宝宝打完针或吃完药后，可能因为疼痛或药物苦涩而哭闹、发脾气，这时妈妈一定要抚慰好宝宝的情绪，比如抱抱宝宝、亲亲宝宝，用语言安慰一下宝宝，如："妈妈知道宝宝疼了，妈妈来给宝宝揉揉（吹吹）。""宝宝的药有点儿苦，宝宝有点儿不开心了是吗？妈妈知道的，妈妈给宝宝拿水喝，喝一口就不苦了哦！"

在妈妈温柔的安抚下，宝宝的情绪也会慢慢平静下来。等宝宝恢复平静后，妈妈别忘了再跟宝宝总结一下："虽然打针有点儿痛，但宝宝的病很快就好了哦！""你看，药虽然有点儿苦，但你勇敢地一下子就吃下去啦，妈妈给你点赞哦！"以此来向宝宝传递健康、勇敢的正面期望。

另外，等宝宝的病彻底好了后，我们还可以告诉他说："多亏宝宝打了一针，感冒才好得这么快！""多亏了那些小药片，让宝宝又变得健康了！"由此加深宝宝对"生病后打针吃药就会好了"的印象，减轻他们对打针吃药的恐惧、厌恶心理。

第二章

建立规则感，让孩子快乐而自律

在 2 岁以前，孩子通常是没有什么规则意识的，缺乏理解能力和行为控制能力，生活习惯、做事方式等也都比较随性，这时不用急着给他们制定各种规则。到了 2 岁之后，孩子开始进入规则敏感期，同时也开始具备自主意识和初步判断能力，进入了第一个独立期。这时，只要管教得当，孩子就会从"挑战规则"慢慢发展到"在被提醒后乐于配合规则"，继而到"不需要提醒也能遵守规则"。这个过程不仅能培养孩子的自律性，还能培养他们健康的心理，让他们逐渐走向独立。

尊重宝宝的生物钟

　　"我家宝宝2个月了，最近半个月一直都是下午不好好睡觉，要么睡半个小时就醒，夜里也是睡两个小时就醒一次，这样的睡眠正常吗？"

　　"我女儿1岁多了，入睡困难，每次睡觉要我抱着才肯睡，一放下马上就醒，这该怎么办呀？怎么才能训练她自己按时睡觉呢？"

　　"我儿子2岁了，一直都是夜里12点多才肯睡，第二天10点多起，我一直觉得不正常，可改不过来呀！每次提前哄他睡觉，他都哭闹着不肯睡，这怎么办呀？"

　　……

　　相信很多妈妈都听过或自己也曾经这样向别人"吐槽"过吧？

由此也可以看出，宝宝的睡眠问题一直牵动着妈妈的心。这种心情完全可以理解，毕竟宝宝睡得好，身心发育才会更健康。而且宝宝不能按时睡觉，就要爸爸妈妈跟着"值夜班"，不停地陪着玩耍，这势必会影响大人的睡眠和休息，让白天辛苦了一天的大人更加疲惫。

宝宝缺乏昼与夜的概念

宝宝的很多睡眠问题，比如抱睡、吃奶睡、睡"反觉"等，一般会在宝宝 3~4 个月前比较常见。这个阶段的宝宝白天都会睡得很沉，但一到晚上就会开始出现睡眠问题：不抱不睡、不吃奶不睡，或者干脆兴奋起来，很晚才会睡。

实际上，宝宝之所以出现这些睡眠问题，是因为他还没有白天和黑夜的概念，也不知道白天玩、夜晚要睡觉的规律。只要自己有人抱、有奶吃，被窝里暖和，睡醒后有爸爸妈妈陪着玩，他就心满意足。

当宝宝在妈妈的肚子里时，他是感觉不到昼夜变化的，因为里面本来就是漆黑的。当他在漆黑的世界待了 9 个多月，刚刚来到有光亮的世界上时，他的生物钟自然也不可能马上调整过来，需要一个慢慢适应和调整的过程。

尊重宝宝的生物钟

新生儿大部分时间都在睡觉，每天差不多要睡 20 个小时。虽然每天的睡眠时间很长，但由于他们的胃容量很小，一般 2~3 小时就会饿了，就要吃奶，所以醒得也会很频繁。在这期间，新手妈妈很难有完整的睡眠时间，会很辛苦，但最好的解决办法就是尽量把自己的作息时间调整得与宝宝一致，配合宝宝的睡眠时间来休息。

宝宝到了 3 个月以后，睡眠时间就会逐渐减少，但单次睡眠时间逐渐增加。这时，妈妈就要帮助宝宝认识白天、夜晚的差别了，比如白天宝宝睡觉时，也要打开窗帘，让宝宝感受到外界的光线；到天色逐渐暗下来后，宝宝就会感觉到光线的变化。

到 7~8 个月后，宝宝夜晚的睡眠时间会更长，但这时宝宝很容易进入分离焦虑期，对妈妈非常依赖，需要妈妈抱着或哄着才能睡着。即使睡着后，也容易惊醒，只要感觉妈妈不在身边，就会很害怕、焦虑，哭闹不止。

有些妈妈感觉宝宝这个阶段太黏人了，于是就急着给宝宝立规矩，比如在宝宝哭闹时，不肯抱宝宝，也不去安抚他，任由宝宝哭累后自己睡着。这是非常错误的，很容易让宝宝失去安全感，变得更加焦虑，更容易惊醒、哭闹。

所以，此时即使宝宝哭闹着不肯入睡，妈妈也要耐心地陪伴他、安抚他，给他安全感。当宝宝从妈妈这里获得了足够的安全感后，自然就会安心入睡了。这种情况差不多要持续到 1 岁之后。

潜移默化中调整宝宝的生物钟

虽然我们应该尊重宝宝的生物钟，不必刻意去改变，或者强迫宝宝必须遵守大人的生物钟来睡眠。在每日生活中，我们也可以适当帮助宝宝调整他的生物钟，以便宝宝可以更好地分清昼夜，养成更好的睡眠习惯。

比如，在每天晚上睡觉前，妈妈都给宝宝传递一些固定的睡眠提示，如先洗澡、穿纸尿裤、换上睡衣，再喂奶、关掉卧室的灯等，同时告诉宝宝："现在到了宝宝睡觉的时间啦，宝宝要睡觉啦！"每天坚持这样做，慢慢就会让宝宝建立起一种规则感，即：天黑后就要睡觉了。

另外，妈妈在夜间和白天给宝宝喂奶时，也要有所不同。在夜间给宝宝喂奶时，尽量不要跟宝宝说话，也不要开灯，保持卧室的安静和睡觉的氛围；而在白天喂奶时，则可以多与宝宝进行互动交流，如跟他说话、给他唱歌等。这样宝宝就会明白，有光亮的时候就能听妈妈说话、唱歌，跟妈妈玩游戏，而什么都看不见时，就是休息的时间。

养成这种习惯后，宝宝的生物钟慢慢就会被调整过来。到了 1 岁之后，宝宝的睡眠习惯基本已经养成，这时宝宝再出现的睡眠问题，通常也只是为了玩耍而不愿意睡觉，即使你把他强行按在床上，他可能也会找各种理由不肯睡。这时，妈妈可以耐心陪伴宝宝玩一会儿，然后告诉他天黑了，大家都要睡觉了，等明天太阳出来后再继续玩，同时自己躺在床上，闭上眼睛，用实际行动给宝宝做好示范，帮助宝宝养成按时睡觉的习惯。

分床睡很重要

小贴士

断奶、分床、入托……这些永远都是妈妈最关心的问题。在是否要分床这个问题上，妈妈们也各抒己见，一些年轻的妈妈受西方教育观念影响，越来越推崇孩子一出生就让他拥有独立的婴儿床；而有的妈妈则迟迟不愿与孩子分床睡。那么，到底哪种做法才更科学呢？

豆豆出生后，妈妈每次给她喂完奶后，就让她独自在婴儿床上睡觉。刚开始，豆豆每天哭闹，家里人很着急，妈妈都说没关系，哭一会儿就好了，哭累自然就会睡着了。

果然，豆豆自己哭了半个多小时后，乖乖地睡着了。妈妈得意地说："看，这不就睡着了？就是要让宝宝从小养成自己睡的好习惯！"

这样大约十几天后，豆豆每次吃完奶，就乖乖地在自己的小床上睡觉，一点儿也不缠人。然而4个多月后的一天，妈妈突然发现，豆豆的大拇指上喙出了一层厚厚的茧。原来，豆豆每次睡觉时，都会把大拇指放在嘴巴里拼命喙，妈妈只觉得宝宝是喜欢吃手，没想到喙得这么厉害。

从事实上来看，豆豆养成了自己在小床睡觉的好习惯，省去了长大后分床睡的麻烦，但是，由于过早与妈妈分床睡，豆豆在睡觉时得不到妈妈的亲密爱抚，极其缺乏安全感，所以就通过吮吸自己手指的方式来满足自己，缓解自己紧张、焦虑、恐惧的情绪。可见，过早与宝宝分床睡并不好，不但不能给予宝宝充足的安全感，甚至会影响宝宝的身心发育。

过早分床睡弊端多多

对于0~3个月的宝宝来说，最重要的就是帮他们建立充足的安全感，这份安全感可以帮助他们更好地成长、发展自我。如果在这个阶段妈妈与宝宝分床睡，当宝宝夜间醒来，感觉不到妈妈的温度和熟悉的味道，就会非常恐惧和不安。

而且，宝宝身体发育的大部分时间都是在夜间进行的。在夜间，脑垂体会分泌一种特殊的生长激素，刺激其他内分泌腺，激活内分泌腺的活动，从而促进宝宝的身心发育。而这种生长激素需要在宝宝夜间熟睡的情况下才能分泌。如果宝宝夜间睡不安稳，总是惊醒，就会影响这种生长激素的分泌，继而影响宝宝的生长发育，甚至会导致宝宝出现发育迟缓。

不仅如此，如果宝宝睡眠不足的话，他的免疫力、抗压力、好奇心、注意力等都会受到影响。心理学家发现，一些脾气暴躁、注意力不集中的孩子，多数都存在安全感差、睡眠质量差等现象。相反，那些情绪较稳定、好奇心强、做事注意力集中的孩子，通常都更有安全感，睡眠质量也很好。

分床时间以宝宝能适应为标准

过早与宝宝分床睡弊端多多，但是，与宝宝分床太迟也有坏处，有些宝宝七八岁时，对两性已经有了朦胧的意识，如果仍然与爸爸妈妈睡在一张床上，可能会出现恋父、恋母情结，同样不利于宝宝的心理发育。

那么，到底什么时候分床睡最合适呢？

其实，这个并没有统一的时间限定，只要通过爸爸妈妈的引导后，宝宝能自然地适应，就是最佳的时间。但一般认为，这个时间在宝宝3岁左右最合适，因为这时宝宝的独立意识已经越来越强，逐渐克服了分离焦虑，进入了第一个叛逆期。他们已经懂得，即使与妈妈分开，不在一张床上睡觉，妈妈也不会丢失，第二天醒来后仍然可以见到妈妈。

这也就是说，在宝宝3岁左右时，我们就可以尝试与宝宝分床睡了，至于多久能够成功，也要看宝宝的适应能力。爸爸妈妈不要强迫宝宝，一定要多与宝宝沟通，给宝宝一个适应的过程，让宝宝能够自然地过渡到独立睡觉。当然，在这个过程中，妈妈的精心准备和耐心引导非常重要。

循序渐进，树立规则

在想跟宝宝分床睡前，妈妈要提前与宝宝沟通，比如告诉宝宝："宝宝已经长大了，可以拥有自己的小床啦！"先让宝宝从心理上逐渐接受自己已长大、要拥有独立小床这件事。

接着，妈妈可以和宝宝一起来布置他的小床。在布置小床时，一定要尊重宝宝的意见和喜好，比如换上他喜欢的被褥，放上他喜欢的小玩具，或者在床头挂一个宝宝喜欢的小夜灯，并且告诉宝宝："在你睡觉时，你喜欢的这些东西都会代替妈妈陪着你哦！"这既

会让宝宝感觉自己长大了，在心理上获得了独立的需要，同时也可以满足宝宝对安全感的需要。

为了激励宝宝更快地克服心理障碍，适应自己独立睡觉，妈妈也可以跟宝宝订立几条规则，比如：宝宝在睡觉前，妈妈都会先给宝宝讲个故事，陪宝宝说说悄悄话，然后再睡觉；如果宝宝能坚持3天自己睡觉，可以奖励一个小玩具；能坚持7天，就可以奖励一次出去玩的机会，如去动物园、去海洋馆等。但也要跟宝宝约定好，平时没有特殊的情况，宝宝不能哭闹耍赖，跑到妈妈床上一起睡，否则就要接受小惩罚等；只有在生病难过时，妈妈才能陪宝宝睡。这样就防止了宝宝哭闹时妈妈心软犯规，导致后期分床越来越难的情况发生。

当然，虽然制订了规则，妈妈也要多一些耐心，毕竟对于宝宝来说，要完全独立，与妈妈分开睡是个很艰难的过程。所以在刚开始分床睡时，妈妈要在睡前陪伴宝宝、安抚宝宝，并且告诉宝宝："虽然妈妈不跟你在一起睡了，但你需要妈妈时，妈妈会随时出现。你有什么需要帮助的，妈妈也会帮助你。"总之就是要给足宝宝安全感，慢慢消除他的不安、恐惧情绪，千万别因为希望宝宝尽快独立而强迫他去睡觉，这样容易适得其反。

当宝宝成功在小床入睡后，第二天早晨起来时，一定要及时给予宝宝表扬和鼓励，让宝宝知道，一个人在小床上睡觉是一件很了不起的事，从而增加他的自信心。慢慢地，宝宝就会变得越来越勇敢，这也为日后与宝宝分房睡奠定了良好的基础。

吃饭不再追着跑

吃饭是人的一种本能，可在很多家庭常常会出现这样的场景：宝宝不肯坐下来好好吃饭，妈妈只好端着碗，一边好言好语地哄着宝宝，一边追着宝宝喂饭，每次吃饭都像一场"战争"！既然是一种本能，宝宝为什么就不能安稳地坐下来吃饭呢？

宝宝1岁之后，已经能摇摇晃晃地到处走了，妈妈原本觉得，宝宝终于不用每天抱着，自己终于能轻松一点儿了。可是很快，妈妈就发现了新问题：几个月前，宝宝还能坐在餐椅里吃饭，或者大人抱在腿上给他喂饭，而现在，他已经不满足于坐在餐椅或餐桌前等妈妈喂饭了，而是利用自己刚刚会跑的双腿四处跑，根本不肯乖乖坐下来吃饭。有的妈妈担心宝宝饿着，就只好追在宝宝后边，边哄着宝宝，边往宝宝嘴巴里送饭。结果一顿饭吃下来，动辄一个多小时，妈妈很累，宝宝也不愉快。原本人饿了就知道吃饭，怎么宝宝的吃饭问题似乎成了爸爸妈妈的一大难题了呢？

喂饭的方式不可取

　　1 岁半左右的孩子，每天的活动量开始增大，加上身体生长的需要，饮食量也开始增加。尤其在断奶之后，对各类食物的咀嚼功能增强，适应力也逐渐增强，按理说，这个阶段的孩子应该更喜欢吃饭才是。但实际情况却是：孩子并不愿意乖乖坐在餐桌前吃饭，即使是大人喂饭，也不愿意配合，有时大人不得不追着喂饭。

　　孩子不能安静地坐下来吃饭，并不是不饿，也不是饭菜不合他的口味，而是与诸多因素有关。比如，随着他们各项能力的增加，他们活动的范围越来越大，这也令他们感兴趣的事情越来越多，每天几乎都玩不够。即使在吃饭时，他们也容易边吃边玩，注意力难以集中。有时在吃饭时突然发现一件有趣的东西，马上就会停止吃饭，跑去玩了。这时，妈妈可能就会担心孩子吃不饱，而不得不下餐桌去喂他们吃。

还有些家庭，爸爸妈妈担心孩子自己吃饭会弄脏衣服，或者觉得孩子把饭撒得满桌子、满地都是，太难收拾，于是就直接给他们喂饭。久而久之，孩子就失去了自己动手吃饭的乐趣，直接把注意力转移到其他事情上了。这种不让孩子自己学习吃饭的做法，不仅扼杀了孩子探索的兴趣，还容易导致他们内部感知力迟钝。因为经常被喂饭，他们从来不需要自己感知是否吃饱而停止进食。

孩子在幼年时能够感知饥饿、饱胀等，是十分重要的感知能力，而喂饭则是感知能力发展的最大杀手，会直接导致孩子缺乏饥饿和饱胀的感觉。长大后，他们吃东西也缺乏节制，因为小时候被不断喂饭的经历，会让他们以为自己是因为没吃饱才会被喂饭。结果成年后，在吃东西时，他们潜意识中也会感觉自己没吃饱或吃不饱，由此容易引发一些身心问题，如肥胖症、焦虑症等。

把吃饭的乐趣还给孩子

对于年幼的孩子来说，吃饭从来都不只是填饱肚子而已，还有在好奇心和探索欲的驱使下，不断增长的能力和建立起来的自信。当他费劲地抓起一块食物塞到嘴里，当他第一次用勺子舀起一勺饭送到嘴里，他的内心都会无比激动和自豪。

不仅如此，吃饭时还需要孩子的大脑、眼睛、手指、嘴巴等共同配合才能完成，这个过程又可以充分锻炼他们的手部灵活性和手口协调性，刺激大脑组织的发育。

给孩子立下吃饭的规则

说到这，可能有的妈妈会很无奈地说："我也知道宝宝自己吃饭好处多呀，可他不肯好好吃怎么办？我总不能让他饿着吧！"

为什么不能饿着呢？偶尔饿一顿两顿，并不会对孩子的健康产生什么负面影响。而如果孩子自己知道饿时，自然也就知道坐下来吃饭了。

小家伙从刚出生时的每 2 个小时吃一次奶，到吃奶时间间隔逐渐拉长，再到每天吃几次辅食，他们的胃要从每天消化很多次逐渐过渡到一日三餐准时准点，这需要几年的时间来适应。当然，在这期间，也需要妈妈来帮助他建立规则，不能因为他不肯吃，你就非要追着喂，并且直到你"认为"他饱了才肯停止。这会让孩子产生一种"被迫吃饭"的感觉，进而带来心理压力，久而久之就会对吃饭产生抗拒心理。

不过，要为孩子建立规则并不是一件容易的事，尤其对于 1 岁多的小宝宝来说，根本不理解何为"规则"，也不清楚自己该做什么、不该做什么。当妈妈发现孩子不遵守规矩时，便一味地劝说或指责他不能这样，而孩子根本不知道该怎么做，甚至妈妈不断的唠叨还会引起他的反抗情绪。

在一档综艺节目中，有一幕引起了许多新手爸妈的共鸣：妈妈在桌旁照顾女儿吃饭，可女儿却突然任性起来，怎么都不肯吃。妈妈好说歹说都没有用，后来女儿干脆直接把碗摔地上了，惹得妈妈很生气，但她还是耐着性子给女儿讲道理。折腾了很长时间，女儿才终于肯吃饭。

那么，对于年龄小的孩子来说，该怎样为他们立规则才真正有效呢？

妈妈要为孩子设立明确的规则，比如：吃饭前1小时不能吃零食，吃饭时要坐在固定的位置上，吃饭时不能把玩具拿到餐桌上，吃饭的时间为30分钟，超过30分钟吃不完就要收走，等等。

在吃饭的时候，要记住，一定要让孩子自己吃，哪怕他边吃边玩，甚至吃得很少，也不要喂他。吃饭时间一到，就立刻收走他的饭菜，即使此时宝宝没有吃饱，你收走饭菜时他大声哭闹，也不要妥协。但这时不要斥责他，而是温柔且坚定地告诉他："现在吃饭时间已经结束了，必须把饭收走了。"这样做就是为了让孩子明白，吃饭是有固定时间的，超过时间，他就吃不到饭了。

当然，如果孩子自己吃饭吃得很好，爸爸妈妈也要及时表扬孩子，比如："宝宝今天吃得真快！""宝宝今天把饭都吃完啦，看来妈妈做的饭很好吃啊！"这些口头表扬对孩子是很有用的。

同时，爸爸妈妈平时还要有意识地多给孩子灌输"好好吃饭，长得更快，变得更聪明"一类的观点，逐渐引导孩子养成吃饭的好习惯，同时也让孩子在用餐时保持愉快的心情。

在大小便中获得满足感

宝宝在 18~24 个月时开始进入肛欲期，这时他们开始关注自己小屁屁的感觉，对大小便这种"难登大雅之堂"的行为充满兴趣。这时，很多妈妈便开始训练孩子自己进行大小便。其实，与其机械地训练孩子大小便，不如帮助他顺利地度过肛欲期，让他从大小便中获得心理满足感。

当宝宝长到 1 岁半到 2 岁左右时，妈妈就会发现，每次他想要大小便时，都不会马上去厕所，而是使劲儿地憋着，有时憋得满脸通红，双腿紧紧夹住，甚至出现憋不住，把大小便解在裤子里的现象；有的孩子还会出现尿频，或者在解完大小便后，自己在一旁认真地研究大小便……

每当这个时候，妈妈都会感觉很崩溃：明明孩子之前已经学会自己解大小便，或者每次要排便时都会喊大人帮忙，现在怎么倒退了，出现尿湿裤子、把大便拉在裤子里等现象呢？有些妈妈还十分生气，认为孩子就是故意不听话、故意弄脏衣服，为此大声批评、责骂孩子。结果，孩子不但没有因此而改掉这个"毛病"，反而更加频繁地尿裤子、弄脏衣服。

尊重孩子的正常行为

虽然孩子在肛欲期时经常做出一些"匪夷所思"的事情，但爸爸妈妈要明白，这是孩子性发展的一个重要阶段，也是孩子在练习自主控制肛门和尿道括约肌的阶段。心理学家认为，如果孩子不能顺利地度过肛欲期，很可能会对他们成年后的性格产生不好的影响，比如变得顽固、吝啬，甚至有洁癖，就像小时候拼命地憋便不肯拉出来时一样。

所以，我们要从内心尊重和接纳孩子的这些表现，当他弄脏衣服时，只需要平和地告诉他："没关系，妈妈给你换一件干净的衣服就好。"切忌批评、责备甚至嘲笑孩子，更不要把孩子的这些"糗事"告诉别人，也不要说"下次去厕所"之类的话，因为孩子已经知道大小便要去厕所，但他现在正在练习自己控制。你的批评、责备、提醒，都只会加重他的心理负担，让他更加紧张、焦虑，继而导致孩子肛欲期的延长。

被控制出来的问题

妈妈正带着自己2岁多的儿子涵涵在楼下玩，这时看到不远处一个跟涵涵差不多大小的宝宝尿湿了裤子。他的妈妈正在批评他："你看看，今天都尿湿三条裤子了，为什么不能蹲下尿尿！""就这样湿着穿吧，看你长不长记性！"

涵涵妈妈见状，就热心地走过去跟对方传授"经验"："你得平时训练孩子，让他学会自己上厕所。在家里，我每半小时就提醒我闺女去上一次厕所，所以她很少会弄脏裤子。孩子不训练是不行的！"

涵涵妈妈的做法对吗？

虽然涵涵可能真的很乖巧、很懂事，很少会把大小便弄在衣服上。但是，每半小时就被催促去上厕所，这样的训练是非常违背孩子自然成长规律的。

精神分析学认为，2岁左右的孩子进入肛欲期后，他们所有的心理满足都是通过大小便来获得的。也就是说，在孩子心理发育的过程中，此时已经有了"我"的概念，虽然这个概念还不完整，但已经开始建立和形成。要建立"自我"，孩子就需要通过自我满足的方式来实现，而自己控制大小便的方式，就是让自己更有"我"的感受。因此，当孩子发现自己可以控制住大小便时，内心会非常兴奋、非常快乐。也是通过这一过程，孩子才能强烈地感受到，原来"我"是可以满足自己的需要的。

但是，如果妈妈为了干净、省事儿，早早地对孩子进行大小便训练，尤其在孩子几个月时就开始对他把屎、把尿，就相当于彻底地剥夺了孩子这种自我满足的机会和自我控制的快乐。孩子甚至会因此而形成错误的认知，比如：我还不想把自己的东西排出去，但妈妈要求我这样做。由于这个过程不是自发的，孩子的内心满足感就无法实现，那么他们长大后也容易变得吝啬、欲求不满，而且性格会比较固执，因为他们是在控制下长大的，在服从控制的同时，他们也会产生更强烈的控制感。

　　排便是孩子自己的事，应该由他们自己来完成，控制大小便的能力也需要孩子自己去探索和学习。在这期间，我们既不要催促孩子，也不要强制他去排便，但为了帮助孩子养成讲究卫生的习惯，我们可以"利用"他们对妈妈的爱，适当地为他们建立一些规则。

　　比如，当你发现孩子有便意，但他却不肯去解决时，不要催促他，而是温和地对他说："如果你想小便或拉粑粑的话，就叫妈妈带你去厕所。"当然，这个过程需要你重复很多次，有时你可能上午刚刚说完，他下午就忘记了。但一般重复一个多月左右，他就能记住了。

　　而当孩子排完便，对自己的排泄物进行"观赏研究"时，妈妈也不要训斥他很脏、不讲卫生，而是耐心地告诉他："不要把便便到处涂抹，因为便便里有细菌，到处涂抹的话，会让我们生病的。""便便里有很多细菌，我们拉完便便后，一定要把小手洗干净哦！"

虽然说这是在为孩子建立规则，但在实施时，我们并不能强迫孩子遵守这些规则，也不要强行干涉孩子的行为，而是保持自然、放松、没有压力的态度，慢慢引导他建立规则意识。在这个过程中，妈妈一定要多些耐心，多给孩子一些时间，允许孩子学习得慢一点儿。而当孩子按照规则做了后，妈妈还要及时表扬孩子，一点一点地强化孩子的正向行为，让他们能够在一种快乐、放松、内心满足的状态下，学会自主排便，顺利地度过肛欲期。

爱说谎的背后

小贴士

说起宝宝撒谎，不少妈妈都感到头疼，为什么明明只有两三岁的孩子，在完全没有人教他的情况下，竟然学会说谎了呢？这是不是说明孩子变坏了？别急，这其实只是宝宝成长发育的一部分，与品行无关哦！

妞妞看到爸爸正在用笔记本电脑工作，觉得很好奇，就凑到爸爸跟前兴致勃勃地看起来。第二天，爸爸去上班，妞妞又来到爸爸的电脑前，东摸摸、西摸摸，感觉很有趣。过了一会儿，妞妞端来一杯水，不小心倒到电脑的键盘上……晚上，爸爸回来准备工作时，发现电脑已经烧坏了。面对气急败坏的爸爸，妞妞脱口而出："是奶奶干的……"这下爸爸更生气了，大声斥责妞妞："你弄坏我的电脑不说，还学会撒谎了！"妞妞被吓得哇哇大哭。

在孩子的所有问题行为当中，"撒谎"可能是爸爸妈妈最不能接受的。因为一提到撒谎，我们率先想到的就是这个人的品行、道德有问题，所以一旦发现自己的孩子学会了撒谎，就会很生气、很愤怒，觉得这孩子怎么不学好，学会撒谎了呢？于是就可能"名正言顺"地揍孩子一顿，还边打边教训孩子："你做错事我可以原谅，但你撒谎骗人绝对不行！"

那么，年幼的孩子学会撒谎，真的就是变坏了吗？我们该怎样纠正他们的这一行为呢？

孩子为什么会撒谎

要想弄清孩子撒谎是不是真的变坏了，我们就要先弄清孩子到底为什么而撒谎？尤其是对于 3 岁以前的孩子来说，他是不是真的学会了骗人？

加拿大多伦多大学儿童研究所曾经对 1000 多名 2~17 岁的孩子进行了实验研究，结果发现，不管是男孩还是女孩，在 2 岁左右的时候，有 20% 的孩子都曾说过谎；3 岁左右的孩子，说谎者上升到 50%；到了 4 岁左右，有超过 80% 的孩子都有说谎现象。年龄越大，说谎的比例越高。

由此可见，说谎对于幼年时期的孩子来说是成长过程中的一种常见现象。如果你发现自己的宝宝在2岁左右就学会了说谎，你不但不要惊慌，反而应该感到庆幸，因为这意味着他的心智已经进入了一个新的发展阶段。

不过，对于2~6岁的孩子来说，他们并不知道说谎意味着什么，也不知道这是一种错误的行为。儿童心理学家皮亚杰曾经指出，这个年龄段的孩子会把所有有目的或无目的的错误都当成是说谎。比如，当孩子问你一个问题，而你回答错误时，即使你不是故意答错，孩子也可能认为你在说谎。这说明，他们已经对说谎这件事变得敏感起来。

而随着年龄的逐渐增长，孩子就会发现，一旦自己犯了一个严重的错误，告诉爸爸妈妈就可能受到惩罚时，他就想要找出一个其他理由来帮自己逃避惩罚，就像案例中的妞妞一样。当她看到爸爸因为电脑坏掉而气急败坏的样子，会本能地感到害怕，同时也会本能地想要保护自己。这时，她就会随口把责任推到别人身上，以便逃避惩罚，认为这样爸爸就去惩罚奶奶，而不会惩罚自己了。

另外，有些孩子为了取悦爸爸妈妈，害怕失去爸爸妈妈的爱，或者为了获得某种奖励等，也会说出一些能够引起大人关注或者大人爱听的谎言。

但是，大部分爸爸妈妈看到的都是孩子展现出来的撒谎行为，而忽略孩子撒谎的内在动机，更看不到孩子撒谎的积极意义，因此就想马上狠狠地教训孩子一顿，让他为自己的撒谎行为付出代价。殊不知，对于一个不到6岁的孩子来说，他在撒谎时必须组织好语言，编出另一件事，还不能前后矛盾，更要让自己的表情显得很自然，这对他来说太不容易了。如果我们能够看到孩子这一行为背后积极的一面，再采取相应的措施去纠正孩子，事情就变得简单多了。

应对谎言

对于 3 岁以前孩子的撒谎行为，我们大可不必太放在心上，因为他们还不能分清想象与现实，也认识不到撒谎的严重性，是非观也没有形成，更谈不上道德问题。有时可能只是出于人的自我防御机制，比如为了逃避惩罚，才出现撒谎行为。这时，我们只需要告诉孩子什么是对的就可以了，完全没必要纠结他的这一行为是不是道德问题，更没必要怒气冲天地斥责、"教训"孩子，或者就此给孩子贴标签，向他强调这是在"撒谎""骗人"等。

适当为孩子树立规则

如果你发现，孩子经常出现这种所谓"撒谎"的行为，即使你已经多次告诉过他怎么做是对的，他仍然不说实话，这时该怎么办呢？

针对这种情况，我们首先应从自己身上找一找原因，比如平时是不是对孩子太过严厉了，尤其在孩子犯错后，经常不分青红皂白地惩罚孩子，这会让孩子感到焦虑、害怕，不知道怎么做或怎么说才对。哲学家罗素就曾经说过，孩子不诚实几乎都是恐惧的结果。

其次，你可能曾经给孩子传递了这样一种信息，即：你的话很有趣。有时候，当孩子在无意中说了一个谎后，你可能觉得他天真无邪，很好玩、很搞笑，于是就表现出一种难以置信的夸张表情。比如大声地笑着说："啊，你怎么这么说呢？""我的天啊，你这是跟谁学的呀？"这时孩子就会觉得自己的行为成功地引起了你的注意，并且取悦了你，那么之后他就会故伎重演，哪怕你明明已经告诉他这样说是不对的，他也认为你在跟他开玩笑，你是认同他的行为的。

针对这两种情况，我们要区别对待。

首先，我们要改变自己的态度，即使孩子做错了事，也不要大惊小怪，而要耐心引导，毕竟成人都有做错事的时候，何况两三岁的小娃娃呢！

其次，我们也可以适当为孩子树立一些规则，比如在多次纠正孩子说谎仍然无效时，就可以告诉他："这样说可不是一件好事哦，我们就要惩罚宝宝了！"比如，停止他正在玩的游戏，或者取消今天出去玩的时间等，用这种方式告诉他，爸爸妈妈不喜欢他这样的行为。当然，如果孩子意识到自己的错误，并且及时承认了，也可以适当地表扬孩子："你真是个勇敢、诚实的宝宝！"以此强化孩子的正向行为。慢慢地，孩子就会理解，说谎行为并不会给自己带来什么好处，反而还有惩罚，而说真话还可以得到表扬，继而就会减少撒谎行为了。

"搞定"打人行为

小贴士

孩子到了2岁左右时，妈妈突然发现，原本温顺可爱的小萌娃，竟然开始出现打人、向人扔东西等现象，哪怕妈妈苦口婆心地告诉他们打人是不对的，他们仍然"我行我素"。这时该怎么办呢？

想必妈妈们都听说过"可怕的2岁"，孩子一般到了2岁左右，就开始变得特别不听话，不但经常跟爸爸妈妈说"不"，有时还会出现打人、推人、咬人等行为。即使其他小朋友想跟他一起玩时，他仍然会挥动着小手，嘴里只叫着"打，打"。

面对孩子的这些行为，你打算怎么处理？

可能有的妈妈认为，两三岁的孩子什么都不懂，等稍微长大一些，懂事后就好了；还有的妈妈认为，不能纵容孩子的这种行为，必须让他改过来，否则长大后不好管，指不定会做出什么出格的事呢！

到底哪种应对方法才对？

客观看待孩子的打人行为

孩子到了 2 岁左右，自我意识开始萌发，很多事情都有了自己的想法，所以才有"可怕的 2 岁"这样的说法；到了 3 岁时，他们的自我意识更加强烈，什么事都渴望自己说了算，要自己掌控自己的身体，自己来做决定。这时，他们也会利用身体来做一切他们感觉新鲜、有趣的事情，比如用手打人、推人，或者用身体撞人等。

既然是孩子成长过程中的一个阶段，我们就要客观地看待他们的这一行为，而不必"上纲上线"，不要认为孩子的这种行为就是坏孩子的表现，更不要对孩子表现出过激行为，甚至情绪失控打骂孩子。这就等于在无形中告诉孩子，这些攻击性的行为是可以接受的。

既然如此，难道我们就对孩子的打人行为听之任之吗？

当然不是。我们需要客观地看待他们的这一行为，但不等于我们要纵容这一行为。如果发现孩子打人，或者对人扔东西、有攻击性行为，我们首先要用语言提醒他，严肃地告诉他："这是不可以的。"并且用他能够听懂的语言，告诉他为什么这样不可以，如："这会让小朋友受伤！""这样小朋友会很伤心！"确保孩子能够意识到这件事的严重性。

但是，如果孩子仍然执意要打人或做出其他攻击行为，那就要给他制定规则啦！

隔离法"搞定"打人的孩子

如果通过口头"警告"，孩子仍然我行我素，这时我们就可以为他设立一个规则，这个规则就是隔离法，也就是立刻停止孩子的活动，把他带到一个房间，让他在这个房间站 2~3 分钟，并且要保持安静。这时，妈妈也不要离开，而是在旁边陪着他，2~3 分钟后再让他出去继续活动。

当然，大多数孩子可能都不会乖乖配合妈妈的"规则"，比如大喊大叫、哭闹挣扎等，这时就要告诉他，如果他不配合，我们就要延长隔离时间，直到他能够配合隔离，并且完成隔离时间为止。

在这个过程中，有些妈妈可能会为了惩罚孩子，让孩子记住"教训"，把孩子关进"小黑屋"。这种做法是不可行的，不仅不能帮助孩子有效纠正打人行为，还可能影响他的心理发育，让孩子变得紧张、焦虑、恐惧，甚至产生心理阴影。

妈妈的态度很重要

有些妈妈一旦发现孩子出现打人、推人等行为，立刻变得惊慌失措，或者对孩子露出非常愤怒的表情，甚至当即就把孩子打一顿。

这些态度和做法都不恰当，要知道，孩子此时正处于成长和探索阶段，有些行为并不是故意为之，只是在这个特定成长阶段所表现出来的特定行为而已，他们只是觉得这样做会让自己显得更有力量。还有些孩子，在想跟其他小朋友一起玩，却不知道如何表达时，

也会通过打人、推人的方式引起对方的注意。

　　所以，面对孩子的打人行为，妈妈的态度很重要。我们不要把注意力全部放在孩子的"不当"行为上，而是要关注到这些行为背后的原因和情绪。比如，孩子是因为生气、愤怒，还是因为想引起别人的注意才做出这一行为？继而引导孩子意识到这种做法是错误的、是会伤害到别人的，并且告诉孩子怎样运用正确的方式来表达。

　　只要我们理解了孩子的情绪，并且耐心引导，或者给孩子订立相应的规则，帮助孩子纠正他的行为，他就会顺利地度过这个阶段。

　　此外，妈妈平时也可以用潜移默化的方式，向孩子渗透生活中的各种行为规则。比如每天睡前与孩子一起读绘本，通过绘本上的小故事帮助孩子管理自己的情绪，学会用正确的方式表达自己的需求。

第三章

读懂孩子不良情绪背后的渴望

　　从刚刚出生起，孩子就有了自己的"小情绪"，你会发现他有时哭闹，有时微笑，有时烦躁，有时恬静……这时，孩子在我们眼中就是个十足的"小天使"。然而随着他逐渐长大，尤其到了2岁左右时，你会发现他们的情绪越来越多，经常动辄大哭大闹，要么就变得十分黏人、焦虑，甚至做出一些不当的行为，如吃手。当孩子表现出这些行为时，多数妈妈都很焦虑，不知如何应对。其实，只要我们读懂孩子的心，了解孩子这些情绪背后的动机，就可以找到适当的应对方法。

发脾气是一种求助信号

很多妈妈经常吐槽说，自己家里有个"小恶魔""小野兽"，动不动就大哭大闹、发脾气。特别是 2~3 岁的宝宝，总想要按照自己的意志行事，如果不满足他，"暴脾气"立刻就上来了，真让人头疼！但你知道吗？很多时候孩子发脾气其实是在求助，他想知道自己该如何面对自己眼前的"麻烦"。

妈妈在陪 3 岁的笑笑搭积木，笑笑已经摆了一个很高的积木造型，妈妈看了，就问笑笑："笑笑搭的是什么呀？"笑笑自豪地说："我搭的是一个大高楼。"然而，当笑笑准备把最后几块积木摆上去时，悲剧发生了：因为不小心碰到了旁边一块积木，导致"大高楼"倒塌了。

笑笑当时就发起了脾气，一下子把所有的积木都推倒了，还大哭起来。妈妈见状，忙安慰笑笑说："没关系，没关系，妈妈陪笑笑再重新搭一个好不好？"

"不搭，不搭！"笑笑一边哭，一边继续扔身边的积木。

面对这样的情形，你打算怎么做？

　　有的妈妈可能会不停地在孩子旁边安慰他、哄他，可孩子却越哭越厉害，即使哄好也要很久；有的妈妈则以暴制暴，大声训斥孩子"不许再哭！""动不动就发脾气，什么臭毛病，给我憋回去！"孩子可能出于恐惧，硬是忍住了哭泣；还有的妈妈会直接离开，不理孩子，任由他发脾气，最后他自己停止了哭闹，这件事就算过去了。

　　但你知道吗？以上几种处理方法都不是很恰当。

找出"导火索"

　　大多数妈妈对孩子动不动就发脾气这件事都很苦恼、很无奈，不知道该怎么应付。

　　实际上，要解决孩子发脾气的问题，首先，我们要找到让他发脾气的"导火索"，弄清他为什么发脾气，是因为累了、饿了，还是因为遇到了解决不了的难题？也就是说，我们要知道到底是什么引发了孩子的这一行为。

比如，上文案例中的笑笑之所以大发脾气，是因为自己辛苦搭起来的"大高楼"突然倒塌了，这破坏了她的自豪感和成就感，让她一下子陷入沮丧、绝望的情绪之中。当她不知道如何应付这种场面时，就会用发脾气、哭闹、摔东西等方式来发泄自己的沮丧和不满。

另外，在孩子2~3岁时，开始有了强烈的自我意识，事事都想要自己尝试一下，这也就出现了心理学上所说的"第一个反抗期"。你会发现，这个阶段的孩子变得不像以前那么听话了，很多事情都喜欢说"不"。一旦他想做的事情没做成，或者他的愿望没达成，被大人阻止了，他就会立刻大哭大闹、撒泼打滚，而且很难平息，有时会持续很长时间。

除了以上两点外，还有些孩子发脾气是因为情绪控制能力差，并且年纪越小，情绪控制能力就越弱，一旦遇到不如意的事，也会毫不掩饰地哭闹起来。

通过上面的分析我们发现，孩子在大多数情况下发脾气，看起来像是在发泄自己的坏情绪，但这种情绪发泄其实是一种求助，是在向大人发出"我无能为力，我很沮丧"的信号，他想知道怎样才能"搞定"眼前的麻烦，让自己不这么难过。

如果每次发脾气，爸爸妈妈马上就来哄他、帮助他，满足他的一切要求，慢慢他就会认为：原来我发脾气就能获得爸爸妈妈的帮助，可以让他们满足我的一切要求。之后一旦大人没有帮他或者满足他的时候，他就会变得更加暴躁，不能控制情绪，甚至变得歇斯底里。但如果"以暴制暴"，对孩子打骂一通，想以此让孩子"记住教训"，下次不敢再大哭大闹，那么孩子的情绪就会一直压抑在心里，不能得到正常的宣泄，容易引发心理问题。而如果你用冷漠的方式对待孩子，可能又会让孩子认为"我是不重要的，我是不受重视的"，在他以后遇到困难时就会压抑自己的情绪，甚至形成讨好型的人格。

可见，要想从根本上解决孩子发脾气的问题，就要帮助孩子做好情绪管理工作，让他学会正确面对和梳理自己的情绪。

接纳孩子的情绪

当孩子发脾气时，只要我们能够做好正向的沟通和复盘，是完全可以帮助他们梳理好自己的情绪的。

要做到这一点，首先就要接纳孩子的情绪，帮助他识别自己的情绪。这就需要我们平时多帮助孩子认识各种情绪，如快乐、悲伤、生气、愤怒、恐惧、自豪等。比如对孩子说："妈妈给你买了新玩具，你很开心对吗？""你的杯子打破了，你很伤心是吗？""你的好朋友不跟你玩，这让你感到很生气吧？"……

用这样简单、准确的语言来帮助孩子描述他的情绪，可以教会孩子明确自己的感受，慢慢地，就能用清晰的语言，而不是发脾气的方式，来表达自己的感受了。如果孩子的情绪比较激动，根本听不进你的话，你也不要着急，可以默默地陪在他身边，等他情绪稍微缓解一些后，再来帮他描述感受，让孩子知道，你是懂他的、理解他的。

和孩子一起寻找解决方法

美国心理学家詹姆斯曾说："人最本质的需要是渴望被肯定。"当孩子发脾气时，我们只有真正认同并接纳他的情绪，才能让孩子的情绪平复下来，继而再去寻找解决方法。也就是说，我们要先帮孩子管理情绪，再引导他处理问题。

比如，可以这样对孩子说："妈妈知道，刚才你搭好的积木倒了，你很难过。现在，妈妈再陪你搭一个更高的，好不好？""你的好朋友没有跟你玩，你很伤心，要不妈妈陪你玩一个游戏吧，这个游戏可是很好玩哦！""你想玩小朋友的玩具，他没有给你，你很不开心。不过，你可以用你的玩具跟他交换，去试一试怎么样？"

当你这样慢慢引导孩子寻找解决问题的方法时，就会让他明白：原来不发脾气、不哭闹也可以解决问题呀！久而久之，孩子再遇到困难时，就能学会先管理自己的情绪，然后再积极思考如何解决自己眼前面临的问题了。

黏人又难缠的孩子

小贴士

照顾孩子非常消耗妈妈的耐心，有些妈妈认为，宝宝1岁之后就好带了，不那么黏人了。可让妈妈意想不到的是，1岁多后的宝宝变得更加难缠了，一会儿看不到妈妈就大哭大闹，让妈妈很是头疼。其实，孩子之所以黏人又难缠，背后可能有一定的原因哦！

每天要照顾宝宝的你，一定遇到过下面这些情况：

"我要妈妈，我不要妈妈上班！哇——"

"妈妈，你在哪？我要找妈妈——"

"我不想找奶奶，我要妈妈！呜呜——"

……

除了妈妈上班或宝宝上幼儿园这样分开较长的时间之外，其他时间宝宝都要缠着妈妈，哪怕妈妈去一下厕所、洗个澡，宝宝也要号啕大哭！

果果1岁半时，妈妈就找了份新工作外出上班了，平时奶奶在家照顾果果。在妈妈上班前，果果并不是十分黏妈妈，有时只要看到妈妈在身边，自己就在一旁自娱自乐。这也让妈妈觉得，自己上班后果果应该不会很难带。

但让妈妈没想到的是，上班第一天出门时，果果就拽着她的衣服，哭天抢地地不让她出门。妈妈安抚了半天，好不容易奶奶把果果抱进房间里，妈妈才赶紧跑出去上班。而下班回来后，从进门那一刻，果果就开始"挂"在妈妈身上了，谁逗都不肯下来，连吃饭都是妈妈抱着吃的。

更让妈妈哭笑不得的是，她在陪果果看绘本时，突然想上厕所。当她从厕所出来时，却发现果果正坐在厕所门口的小凳上等着她呢！

从那之后，这样的场景几乎每天都出现在家里，妈妈又心疼又无奈，为什么宝宝变得这么黏人又难缠呢？

相信遇到以上这些问题的妈妈都会很焦虑、很无奈，甚至会羡

慕那些不黏妈妈的"天使宝宝"，能让妈妈那么省心、省力。

其实，孩子在成长过程中出现黏人现象是很正常的。一些宝宝从5个多月起，看到生人后就会感到害羞，想要躲在妈妈的怀里；到10个多月时，90%的宝宝都会出现这种情绪反应。而一直到5岁左右，大部分孩子才能比较容易地与爸爸妈妈分开。

适当"黏人"是正常的

20世纪40年代，英国心理学家约翰·鲍尔比曾专门研究了母亲与儿童分离，对儿童日后行为的影响。鲍尔比给出的结论是："婴幼儿与母亲间温暖、亲密的连续不断的关系，适度的依恋（即黏人现象），可以让婴幼儿既能从中找到满足，又能找到愉快。安全的依恋将形成一个人的信赖、自我信任，并且成功地与自己的伴侣与后代愉快相处。"这样看来，如果孩子的黏人现象不是太严重，我们就不必太担心，只需要用平常心态来看待就好。

事实上，在孩子的年幼时期，他们的心理需求经常会在哭、笑、食物及父母的抚慰中获得满足，而爸爸妈妈为孩子提供的触觉、视觉、听觉刺激，都可以强化孩子各方面的学习和成长。所以，经常带孩子接触外面的环境和人、接近大自然，或者为孩子提供更多有趣的活动，如涂鸦、绘本等，让孩子接触的世界更宽更广，兴趣及乐趣更多层面，孩子的黏人现象自然就会慢慢消失了。

巧妙处理分离

虽然从 1 岁起，孩子的自我意识就在逐渐发展，孩子也越来越明白自己是一个独立的人了。但是，这并不表示孩子就不再依恋妈妈，相反，随着年龄的增长，他们对妈妈的依恋情绪可能会愈发严重。

这听上去有些矛盾，其实很容易理解。我们可以想象一下，如果你与一位老朋友经常联系，并且已习惯成自然了，有一天突然不联系了，你要很长时间见不到他，是不是就产生了一种分离感？这时，我们就会体会到一种悲伤、不舍的感觉。

孩子也是如此，在每一次与妈妈分离的过程中，他的内心都会产生强烈的焦虑感和不舍感。所以妈妈会发现，当自己外出上班，或者宝宝要上幼儿园时，他就会知道，自己要与妈妈分离了，这时他内心就会非常焦虑，而他所能表现出来的直接反应就是缠着妈妈，不让妈妈离开。这时，如果妈妈强行离开，或者欺骗孩子，趁孩子不注意自己偷偷溜走，都是非常错误的做法，不但不能让孩子顺利度过这段分离焦虑期，还会让孩子变得更加黏人、难缠，缺乏安全感。

要想顺利与孩子实现分离，妈妈首先要掌握好时间和方法，尽量在孩子生病期间不离开他。如果必须要离开，比如要外出上班，一定不要因为担心孩子缠住不让你走而偷偷溜走，因为对于孩子来说，妈妈的突然消失会让他们更加难过和不安。

妈妈可以用孩子能理解的语言说明情况，比如："妈妈要去上班，挣钱给宝宝买好玩的玩具哦！""妈妈有很重要的事要出门，宝宝可以在家等妈妈。""到下午5点钟，妈妈就回来啦，宝宝可以看着时间想妈妈哦！"

妈妈在每次离开前，可以跟孩子来个大大的拥抱，并且告诉他："这是妈妈和宝宝的再见仪式。"等回来见到孩子后，再给他一个大大的拥抱，告诉他："这是妈妈和宝宝的重逢仪式。"通过这样简单的仪式，可以让孩子明白妈妈离开只是一段时间而已，是一个很正常的现象，到了某个时间，妈妈还会回来。

给予孩子高质量的陪伴

高质量的陪伴，可以帮助孩子更有勇气面对与妈妈的分离。所以，在孩子很小的时候，对他的每次哭闹妈妈都尽量及时回应，多与孩子进行充满感情的接触、拥抱，多表扬孩子，多与孩子交流，让孩子感受到与妈妈在一起的快乐，获得充分的安全感。

面对年龄太小的孩子，我们可以在他哭泣、呼喊时，及时给予回应，多和他进行充满感情的拥抱和接触、微笑、表扬和交流等。

对于大一点儿的孩子，妈妈还可以通过玩过家家、角色扮演等游戏，或者通过给孩子讲故事，来帮助他认识和熟悉分离场景，同时也是让孩子明白，分离只是暂时的，妈妈还会回到他的身边。这样一来，你们分离时，因为有了之前的铺垫，孩子就会有熟悉感，接受起来相对也更容易一些。

家里有个"爱哭娃"

　　哭泣，是人的一种正常的情绪表达。但如果你的孩子经常哭个不停，作为新手妈妈，你可能会感觉手足无措，甚至感到厌烦，有时忍不住会斥责孩子。那么，孩子为什么经常大哭不止呢？是因为身体不舒服，还是情感没有获得满足？一起来看看吧！

　　家里有个"爱哭娃"，是让妈妈非常烦心的一件事。尤其是面对1岁左右不会用语言表达自己需要的小宝宝，你完全不知道他到底为什么而哭，又为什么哭起来不停！

　　实际上，对于0~2岁的孩子来说，哭泣是一种非常常见的行为。哭不仅是他们的一种情感宣泄，也是一种交流方式。一旦孩子的语言表达能力不足以胜任他们的情绪抒发时，他们就会用哭泣的方式加以辅助。等到年龄大一些，他们能够用语言清晰地表达自己的需求时，哭泣自然就会逐渐减少了。

恐惧和焦虑让宝宝忍不住哭泣

在宝宝 1 岁以前，他是需要妈妈全身心的爱和关注的。在出生前，他在妈妈的子宫里过着无忧无虑的生活，而突然之间，他来到一个陌生的环境里，周围有刺眼的光线，耳边有各种不熟悉的声音，这会让他感到非常恐惧、害怕，但又不会直接表达，所以只能用哭泣来表达自己的情绪，呼唤那个唯一熟悉、让自己感到安全的人——妈妈。

如果宝宝的呼唤能够得到妈妈的及时回应，尤其在他大哭的时候，妈妈能第一时间抱起他，给予他温暖的抚慰，宝宝就会明白：我的需求是被了解、被关注的，我是安全的。这就能帮助宝宝慢慢建立起内在的安全感。如果他能够一直获得这种安全感，他的心智就会不断向前发展，并且逐渐把自己与外面世界分离开来，继而发自内心地产生自信，获得独立的力量。

但是，如果宝宝的哭泣得不到妈妈的回应和关注，他就会感到特别恐惧、焦虑甚至绝望，认为自己是个不重要的人，没有人爱自己。假如这种情况一直持续下去，宝宝的内在安全感就无法建立，内心也会越来越脆弱，对任何事都缺乏信心，长大后也会变得敏感、自卑、懦弱。

到 1 岁左右时，孩子对妈妈的依赖感会越来越强烈，会害怕妈妈离开。一旦看不到妈妈，他就会感受到分离带给他的恐惧，继而用大声哭泣来表达自己的不安情绪。

表达自己的愤怒和不满

到了 2 岁左右，孩子开始能用简单的语言来表达自己的需求了，这时我们都希望他能听话、能懂事，遇到问题能跟妈妈好好沟通，但事实上，孩子仍然会经常哭鼻子。不过，这时他哭闹的原因通常是因为对某件事感到愤怒、不满、委屈等。

比如，他想一直看动画片，但妈妈不允许他看那么久，把电视关掉了；他想买新玩具，但妈妈不肯买给他；他想吃零食，但妈妈不让吃；他想让妈妈带自己出去玩，但妈妈没时间；他好不容易搭起来的积木，突然倒塌了……这些时候，孩子都可能会出现生气、愤怒、悲伤、沮丧等负面情绪，但是他又不知道如何宣泄自己的这种情绪，于是就用哭闹来发泄自己的情绪。

可能正在经历"执拗期"

到了 3 岁左右，孩子通常会进入一个"执拗期"，也叫"执拗敏感期"，这是孩子成长发育过程中必须经历的一个阶段。儿童心理学家孙瑞雪曾指出："执拗期的孩子，喜欢按照自己的意愿做事，一旦被拒绝，就会大哭大闹或者奋力反抗。"

之所以有这样的表现，主要源于这个时期孩子的独立意识日渐增强，并且还会出现构建秩序感的"强迫症"。简单来说，就是他必须要按照他自己的原则来行事，比如：家里有客人来时，必须他来开门，如果你先打开了，他就会大哭大闹，要求客人出去，把门关上，他重新来开一次；他喝水时，必须自己打开杯盖，而你帮他打开了，他又会大哭大闹，必须盖上，由他自己来打开……总之，在大人眼中很小的事情，在他们眼中都是原则性的大问题，必须按照他的要求来做，否则就会大哭大闹。

允许孩子用哭泣宣泄情绪

在宝宝 1 岁前，妈妈一听到宝宝的哭声，可能立刻就会过来抱起他、安抚他，减轻他的不安和恐惧。但当宝宝大一些后，如果因为闹情绪而大声哭泣，有些妈妈就会很生气，继而大声斥责他："不许再哭！"或者吓唬宝宝："再哭我就不要你了！""再哭我就走了！""再哭我就要揍你了！"这时，孩子出于恐惧可能就会停止哭泣。

但是，这种方式却会严重伤害孩子的心理，让孩子认为哭是一件错误的事，是一种羞耻的行为；自己有负面情绪也是不对的，哪怕自己心里非常难过、痛苦，也不可以哭出来，否则就是羞耻的。这种错误的观念甚至可能会伴随孩子一生。

那么，妈妈怎么做，才能既让闹情绪的孩子停止哭泣，又不会伤害到他的心理呢？

最简单的方法就是，你什么都不做。当孩子哭泣的时候，你安静地陪在他身边，或者轻轻地拍拍他的后背，用温柔的眼神望着他，让孩子知道，你现在很重视他，也很理解他的感受和情绪。这里要注意，不要给他讲道理，也不要对他的情绪做出评价，比如"哭是没用的！""这有什么值得哭的！"等，这只会让他哭得更厉害。

当孩子慢慢从哭泣趋向平静后，你再来帮助他表达感受，如："刚刚宝宝要买小汽车，妈妈没同意，你很生气。"这要比任由孩子在一旁发泄，而你不搭理他，更容易让他安静下来。

如果每次在孩子因为情绪不佳而哭泣时，你都能这样平静、耐心、温柔地陪伴他、抚慰他，你会慢慢发现，他的领悟能力、抗压能力都会逐渐提升。此后再遇到同样的挫折时，他也会更有抗挫力，也能更好地调节自己的情绪，成长得也会很快。

宝宝胆小不是错

小贴士

每位妈妈都希望自己的宝宝活泼、胆大、开朗、乐观，人见人爱，一旦发现自己的宝宝胆小、懦弱时，就会焦虑、担心，甚至很生气。但是，你知道吗？宝宝看起来胆小的背后，可能隐藏着你不知道的情绪呢！

当孩子到了两三岁，可以与大人简单地对话时，我们就会看到一些爸爸妈妈带孩子外出时，经常提醒他："宝宝，你怎么不叫人呢？快说'阿姨好！'""怕什么呀？去跟小朋友一起玩啊！这孩子，太胆小，没出息！""赶快说'奶奶好'，不然我就不要你了！"……总之，就是希望自己的孩子能够主动跟人打招呼、大方地跟小朋友一起玩，不要畏畏缩缩地不敢跟人接触。一旦孩子无论怎样引导都不跟人打招呼、不跟人互动时，爸爸妈妈就会感到难堪、焦虑。

爸爸妈妈的心情可以理解，毕竟笑容满面、爱打招呼的小朋友每个人都喜欢。看到自己家孩子这么"害羞""胆小"，实在气恼，不由地批评自己家孩子"胆小鬼""没出息"。

然而，爸爸妈妈可能不知道，幼小的孩子还没建立起完整的自我评价意识，经常这样被自己的爸爸妈妈贴标签，慢慢地，孩子就会认为自己是真的胆小、害怕，与人交往时也会表现得越来越不自信，甚至因此而放弃一些"胆大"的尝试。

巨大的挑战

有些时候，在我们大人看起来很简单的事，在孩子看来都是天大的事，而与陌生人交往对孩子来说更是一个巨大的挑战。有些孩子性格外向，爸爸妈妈引导几次，很快就能适应陌生的环境，甚至会主动去接触其他同龄的伙伴，一起玩耍；但有些孩子的性格偏内向，对陌生的环境适应较慢，这时如果爸爸妈妈不理解孩子，不给他们适应环境的时间，反而还催着孩子赶紧去跟人打招呼、跟小朋友一起玩，孩子就会更加紧张、不知所措。在这种情况下，一些性格较为急躁的家长可能就会很生气，指责孩子"太胆小""没出息"，甚至因此对孩子发火，殊不知这只会让孩子更加焦虑和不安，不敢迈出与人主动交往的那一步。

别轻易给孩子贴标签

孩子刚一出生，就开始观察和熟悉外界的环境了，而妈妈对他的积极回应是帮助他建立自信的第一步。当宝宝用哭声呼唤妈妈时，妈妈马上给予宝宝回应，并且温柔地拥抱他、安抚他，就会让宝宝明白："我是安全的。""我是被关注的、被爱的，爸爸妈妈很爱我。"

孩子只有从妈妈这里获得足够的安全保障，他才会有足够的勇气去探索外面的世界，包括适应陌生的环境，与陌生的人交往等。而到了1岁左右，孩子开始经历一段时间的分离焦虑期，他会对陌生的环境、陌生的人感到害怕，这个阶段也就是我们常说的"认生阶段"。在这个阶段，如果妈妈发现孩子不愿意跟陌生人打招呼，或者不愿与陌生的小朋友一起玩，就生气地数落孩子胆小，给他贴上各种诸如"胆小鬼""不自信""没礼貌"的标签，或者故意让他处于陌生的环境里，要"锻炼锻炼"他，这些做法都会让孩子更加害怕、焦虑。

和孩子一起度过"认生期"

悠悠是个活泼开朗的小女孩，但从2岁多起，妈妈就发现悠悠不像以前那么爱闹、爱动了。尤其身边有陌生人时，她总是躲到妈妈身后，偷偷地看着陌生人，不敢出来，即使妈妈让她跟陌生人打招呼，她也是红着脸，紧张得手足无措。

不过，妈妈并没有逼着她一定要出来跟陌生人说话，即使她躲在妈妈身后不愿出来，妈妈也不批评她，有时还会跟别人说："悠悠很棒的，可以画很漂亮的画。""悠悠在家可以帮我整理房间，很能干哦！""悠悠很喜欢分享哦！"

虽然每次妈妈夸完她后，悠悠都会显得很害羞，但妈妈发现，悠悠慢慢变得不那么胆小了，有时妈妈跟人说话提到她时，她还会主动攀谈几句。

孩子不愿意主动打招呼，有些妈妈会感觉很没面子、很尴尬，所以也会当着别人的面批评孩子不懂礼貌、胆子太小，这样其实很伤害孩子的自尊心。别看孩子年龄小，他们也是要面子的哦！久而久之，他们就更不愿意与人打招呼了，甚至还会因此认定自己就是胆小、没礼貌。

对于年幼的孩子来说，当他进入一个"认生期"后，在陌生环境或面对陌生人时，都会不自觉地处于恐惧之中，这时他最需要的是爸爸妈妈的呵护、陪伴和鼓励。所以，当他们出现畏缩行为，如不敢跟人说话、不敢跟小朋友一起玩游戏、说话声音太小等，爸爸妈妈都要尽量克制自己的情绪，不要做出太强烈的反应，而是多去发现和强调他们身上的优点，帮助他们获得自信。当孩子偶尔做出一些"大胆"的举动时，比如把自己的玩具主动与小朋友分享，爸爸妈妈就及时给予他适当的表扬和鼓励，如："哇，宝宝主动跟小朋友分享玩具，真棒！""宝宝是想跟小伙伴一起玩呀！"

同时，爸爸妈妈还要给孩子做个好榜样，比如见到邻居时主动问候、打招呼，与别人愉快地聊天等。孩子的成长就是一个不断模仿的过程，他的人际交往、做事方法等，也都是从不断模仿大人的行为中学到的。当他看到爸爸妈妈经常这样做时，久而久之也受到影响。

总而言之，孩子胆小并不是错，也不是真的"胆小怕事"，大多数时候都只是他们成长过程中的一个特殊阶段。只要爸爸妈妈耐心引导、不断示范，多肯定、少批评，多鼓励、少指责，给予孩子充足的支持和安全感，孩子就会慢慢获得自信，从而战胜自己的恐惧、不安心理，大胆地去面对陌生的环境和陌生的人。

吃手，可能是在缓解焦虑

在宝宝2~3个月时，随着大脑的发育，他们学会了两个动作：一个是用眼睛观察自己的手，另一个则是学着吮吸手指。对于这个时期的宝宝来说，吮吸手指是一种玩耍和学习。但到了1岁之后，宝宝仍然经常吮吸手指，可能就是一种紧张、焦虑和自我安慰的表现了，妈妈应该想办法缓解他们的焦虑心理。

作为每天陪伴在孩子身边的人，妈妈可能会发现，孩子经常把自己的手指放到嘴里吸吮。如果妈妈把手指从他嘴巴里拽出来，不一会儿他就又放到嘴里了；如果你强硬地拽出来，孩子甚至会大哭大闹。这会让妈妈很担心，孩子这样会不会养成什么坏习惯呀？

如果孩子在1岁之前经常吃手，你大可不必担心。俗话说，"小婴儿有个蜜手指"，意思是宝宝从两三个月起，就开始对自己的小手超级迷恋，这说明宝宝到了口欲期，也就是我们常说的口腔敏感期。

吃手是宝宝在认识世界

刚出生的小宝宝往往只会双手握拳，胡乱挥舞，还不能将自己的手放入嘴里，因为他的大脑还不能支配他的行为。

随着大脑的发育，宝宝开始学会把手指放入口中吸吮。这对宝宝来说，既是一种玩耍，也是一种学习和了解外界的方式。嘴巴不仅能帮助婴儿进食，让他们活下去，同时也是他们探索和了解世界所运用的第一个工具，所以人们也把孩子喜欢吃手的这个时期称为"口欲期"。这时你会发现，孩子不但会把自己的手塞到嘴巴里，你给他任何一件他能握住的东西，他都会先塞到嘴巴里啃一啃、尝一尝，以此来获得对物品的初步了解和感知。

不仅如此，妈妈应该还会发现，宝宝在吮吸自己的小手时通常会很安静。如果妈妈陪在他身边，他还会边吸吮手指，边朝妈妈露出甜甜的微笑。这说明，吸吮手指不但能让宝宝获得安全感，同时还会让他快乐，因而也可以促进宝宝的心理发育。

错误的干预只会让宝宝更焦虑

一般来说，宝宝的吃手行为在 1 岁以后会自行缓解。如果到了 2 岁以后，孩子还是天天手不离口，妈妈就要注意了。《美国儿科协会育儿百科》中建议：在 2~4 岁以后，孩子吃手依旧频繁的话，妈妈就要适当对孩子进行干预和纠正了。因为当孩子出现焦虑和紧张情绪后，他们就会出现生理性倒退行为，比如用吃手来缓解内心的不安情绪。这种行为多出现在孩子被批评后，或者爸爸妈妈、最亲近的人不在身边时，或者刚刚进入幼儿园等陌生环境时，这些情况都会让他们感到紧张、焦虑、无助、没有安全感，于是就会用吸吮小手来缓解自己的不安情绪。

在伊伊满1周岁后，妈妈就去上班了，平时伊伊由奶奶照顾。后来妈妈发现，伊伊经常嗫自己的大拇指，有时制止一下，她就停止这个动作了。但到2岁后，妈妈发现伊伊嗫大拇指越来越频繁了，而且多次制止都没用。有一次，妈妈还狠狠地捺了伊伊，大声斥责她："你要再嗫大拇指，我就不喜欢你，不要你了！"伊伊吓得大哭，可她哭声还没停止，竟然又把大拇指塞到嘴里嗫起来，妈妈真不知道该怎么办才好了。

案例中的伊伊在 1 岁多时吃手，一方面可能是由于口腔敏感期还未过，是一种正常的生理发育现象；另一方面也可能是因为妈妈突然去上班，无法陪伴自己，内心感到焦虑、不安，才通过吃手来满足自己安全感的需要。多数情况下，这种现象会随着孩子年龄的增长而逐渐缓解。

但是，当伊伊 2 岁多仍然不停地吃手时，很可能是因为她从妈妈那里获得的爱、陪伴或安全感不够，比如妈妈上班较忙，平时没有充足的时间陪伴孩子，或者回到家后没有及时给予孩子安抚等，都会让孩子获得的安全感不足。这时，孩子就会通过其他方式来安慰自己，吃手就是其中的一种。

用恰当的方法引导宝宝放弃吃手

如果宝宝只是偶尔吃一下手，我们完全不必过于紧张，更不要粗暴制止。有些妈妈觉得宝宝这么大还吃手，很不卫生，习惯也不好，于是就像案例中的伊伊妈妈一样，一看到孩子吃手就大声呵斥："怎么又吃手，说了多少次了，手多脏啊，不许再吃了！""马上把手拿出来！""你再吃手，我就不要你了！"……甚至直接气急败坏地打孩子的手，或者在孩子的手上涂抹一些刺激的东西，如辣椒油、芥末等，试图让孩子吃手时被辣到，再也不敢吃手了。

这些方式都很难真正改掉孩子吃手的行为，甚至会适得其反，加重他们焦虑、紧张的心理，甚至导致吃手现象更严重。即使当时孩子停止吃手了，也可能只是暂时管用，但却会给孩子留下心理阴影，导致孩子没有安全感，在长大后也容易出现"过度补偿"，即一紧张或焦虑，就会不自觉地吸吮手指、咬嘴唇等。

要帮助孩子放弃吃手，我们就要根据他们的实际情况，采取恰当的方法：

（1）给予孩子高质量的陪伴

通常拥有充足爱与陪伴的孩子，安全感也很足，这会让他们在成长过程中慢慢改掉吃手的习惯。但如果孩子从很小的时候就缺少陪伴、爱抚，他们内心就会缺乏安全感，从而通过吃手的方式满足自己的安全感需要。

所以，爸爸妈妈给予孩子充足的、高质量的陪伴，是帮助他们戒掉吃手习惯的有效方法。不过，高质量的陪伴并不是说你待在孩子身边就可以了，还要多与孩子进行一些互动活动、游戏等，或者经常亲亲他、抱抱他，通过与孩子的交流来缓解他的焦虑心理，让他知道爸爸妈妈是爱他的。

（2）转移注意力，让孩子动起来

即使你对孩子吃手的行为感到焦虑，也不要在他面前表现得太明显，比如不停地提醒他，甚至指责、打骂他，这只会让他的情绪过度紧张，加重他吃手的欲望。

聪明的妈妈会假装表现得不在意，尤其在孩子刚要吃手时，就平静地从他嘴巴里拿开小手，给他一个有趣的玩具，占据他的双手，他就没有机会吃手了。或者带他做个游戏，给他讲个故事，让他把小手背在身后，认真玩、认真听、认真说。经常这样做，孩子的生活就会逐渐丰富起来，小手也忙乎起来。这样，无论是从心理的还是生理的需要方面，孩子都会逐渐摆脱吃手的习惯。

在这个过程中，妈妈一定要有耐心，循序渐进地引导孩子，让孩子紧张的神经得以舒缓、放松。慢慢地，孩子就会减少吃手、嘬手指、啃指甲等行为了。

"偷东西"是内心需要的表达

　　网上一位妈妈的求助帖引起很多网友的围观，事情是这样的：这位妈妈发现，自己3岁的女儿在没有经过别人允许的情况下，有好几次都把不属于自己的东西偷偷拿回了家。一次是跟妈妈在水果店买水果时，她偷偷地往自己的口袋里塞了两个小橘子；还有一次是把幼儿园里的小玩具塞进自己的书包背回了家。而当妈妈问她为什么这样做时，她又不说话。

　　如果你遇到了这种情况，打算怎样处理？

　　有些妈妈一旦发现孩子出现偷拿别人东西的行为，立刻就会大发雷霆，大声斥责孩子为什么"当小偷"，甚至打骂孩子一顿，目的是让孩子记住"教训"，避免重犯。

其实，这样的方法并不妥当，我们只是站在大人的角度来看待孩子的行为，进而来"纠正"孩子的错误，殊不知这样不仅不能真正帮到孩子，还会伤害到孩子的自尊心。

物权意识模糊的宝宝

宝宝在刚出生时，是处于一种全能的自恋期，认为全世界都是自己的。而随着他一天天的长大，他才会逐渐意识到"我的"和"你的"的区别，知道哪些是"我的"，哪些不是"我的"而是"你的"，从而慢慢建立起物权意识。

但是，在物权意识建立起来之前，孩子是很难分清你我的，觉得所有的一切都是"我的"。这时，只要他看到自己没有的或者喜欢的东西，就会毫不犹豫地直接拿走。这种在大人看来的"偷窃"行为，其实只是由孩子心理发展水平的局限性引起的。也就是说，他们并不知道这是"偷"，也完全没有"偷"的概念，只是因为物权意识不清晰，才做出这样的行为。

内心需求未能获得满足

通常来说，2~3岁的孩子出现"偷东西"的现象也很多见，而随着孩子自我意识的逐渐明确，当他们清楚地了解"我的""你的"等概念后，就不再随便拿别人的东西了。

但是，如果孩子在物权意识构建过程中，内心的某些需求没能得到满足，而他又对某些物品具有强烈的占有欲时，他可能就会自已创造条件来满足内心的需求。

　　小琪的妈妈一直告诉她，不能吃糖，对牙齿不好，平时也从来不给她吃糖果等零食。有一次，小琪在外面玩时，一个小朋友送给她一颗棒棒糖，2岁半的小琪才第一次吃到棒棒糖。从此以后，小琪每次跟妈妈出去买东西，看到棒棒糖都想买，但妈妈坚决不给她买，还说吃棒棒糖会让牙齿烂掉。

　　一天，妈妈带小琪去超市时，小琪趁妈妈不注意，偷偷地把一颗棒棒糖攥在手里拿回了家，结果到家后被妈妈发现了。妈妈非常生气，大声训斥小琪，说小琪的行为是"偷窃"行为，小琪吓得哇哇大哭。

显然，妈妈觉得小琪的行为就是"偷东西"，却没看到小琪做出这种行为背后的心理需求。对于一个孩子来说，能够吃到甜甜的棒棒糖自然会感到很满足，他们不会知道也不理解吃棒棒糖与牙齿变坏之间的联系。但是，妈妈愈是不能满足小琪的这个需求，小琪对棒棒糖就愈加渴望。为了满足内心的这种强烈需求，小琪才做出了从超市"偷"拿棒棒糖的行为。

此外，还有些孩子做出"偷东西"的行为是为了引起别人注意。比如有些爸爸妈妈工作很忙，无暇顾及和陪伴孩子，孩子的情感需求很难得到满足。当他们非常渴望能得到父母的关注时，就会用这种偏常行为来引起父母的注意，以满足自己的情感需要。

了解到孩子出现"偷东西"现象的原因后，爸爸妈妈就不能再采用简单、粗暴的方式来"纠正"孩子的行为了，而应该"对症用药"，更有针对性地纠正他们的这一行为。

不贴标签，"对症"纠正

在发现孩子有偷拿东西的行为后，不管原因是什么，我们都不要给孩子贴上"小偷""偷东西"等标签，更不要羞辱孩子。要知道，年幼孩子的自我评价水平还很低，很容易对来自爸爸妈妈的评价产生"认同"，久而久之，他们可能就真的会认定自己是个小偷、爱偷东西，"偷窃"行为更加严重。

那么，我们该怎么做呢？

（1）帮助孩子建立物权意识

如果孩子是因为物权意识模糊，不知道其他人的东西不能乱拿才出现这种行为，我们就耐心地告诉他："这不是宝宝的玩具哦，这是小姐姐的，我们要把它还给小姐姐！""这个东西不是我们的，我们要花钱买了后才可以拿哦！"或者通过做游戏的方式让孩子了解物品所有权，这样更加生动形象，更易于孩子接受和理解。

（2）尽可能满足孩子的内心需求

爸爸妈妈也要反省一下自己，是不是平时对孩子太过严格，或者对孩子的陪伴太少，以至于孩子只能通过这种方式来满足自己的内心需求，或者以此引起爸爸妈妈的关注。所以，当发现孩子有"偷东西"行为后，我们一定不要情绪激动地训斥、责骂孩子，这不仅不能从根本上解决问题，还会给孩子幼小的心灵带来伤害，让孩子觉得：我想要这个东西，可你不满足我，我自己得到了，你还骂我！那么下一次他可能就会用更加隐蔽的方法来得到自己想要的东西。

正确的处理方法是耐心地询问孩子为什么这样做，如："你很想吃棒棒糖，是吗？""宝宝很喜欢这个玩具对吗？"如果确实是自己对孩子太过严格，或者对孩子缺乏陪伴，我们也要适当改变对孩子的态度，比如适当减少对孩子的管束，平时尽量多抽时间陪伴孩子，满足他内心的渴求。孩子的行为和情绪背后一定有他的动机，善意地理解他，再进行正确的引导，孩子的"不良行为"才能真正得到纠正。

让人焦虑的"幼儿园焦虑症"

孩子到了 3 岁左右，就要面临上幼儿园的问题。对于初次上幼儿园的孩子来说，入园意味着他们即将离开熟悉的环境和熟悉的家人，要去过集体生活了，这时，老师、小朋友、学习课堂……一切都是陌生的，孩子在心理上难免会不适应，出现焦虑情绪。

当孩子到了 2.5~3 岁这个阶段，妈妈们在聊天时，总会不可避免地聊到一个话题：宝宝不想上幼儿园，或者上幼儿园后总是状况百出，怎么办？

一般来说，孩子在刚刚上幼儿园时都会出现一些问题，比如：不愿意离开妈妈去幼儿园，在幼儿园里感到紧张、害怕，哭闹不止；有时会特别依恋某位老师或某件物品，不愿意与小朋友一起玩耍，等等。有些孩子还会出现生理变化，主要表现在饮食、消化和睡眠方面，表现为食欲不振、消化不良、睡眠不好、做噩梦等。

看到原本活蹦乱跳的孩子因为上幼儿园出现这些问题，爸爸妈妈都会心疼不已，有些家长甚至干脆不让孩子去上幼儿园，想看在家自己教好了！

这样对孩子真的好吗？

从孩子成长和发展的角度来说，孩子还是应该上幼儿园的。要知道，幼儿园是早期教育体系中的重要一环，如果缺失这一环节的教育，可能就会影响到孩子的心理发展。在幼儿园里，孩子不但要跟老师接触，还会接触到更多的小朋友，与小朋友一起玩耍，这可以让他们学会社交、分享和合作，并且学会与家人以外的陌生人相处。同时，孩子在幼儿园还可以培养自理能力，由此增强自信心和自尊心。这是每个人成长过程中必须经历的一个阶段，也是孩子社会化的开始。如果没有经历这个过程，孩子可能会在人际交往、身心发育等方面受到影响。

不想去幼儿园的孩子

幼儿园里有很多同龄的小朋友，还有各种各样的玩具，老师还会带着小朋友做游戏，按理说孩子应该很喜欢幼儿园。可是，为什么有些孩子就是不想去幼儿园呢？

英国儿童心理学家安吉拉·克利福德·波士顿曾说："孩子上幼儿园，看起来是那么普通而平常，以至于成年人很容易忽略这段经历让孩子感觉焦虑、无助，对他的心理产生深刻的影响。"

要知道，对于年幼的孩子来说，离开熟悉的家，离开亲爱的爸爸妈妈，进入到一个陌生的环境，接触到陌生的老师和小朋友，突如其来的变化比我们成人去适应陌生的环境、与陌生人打交道更加艰难。简而言之，孩子要适应幼儿园生活，就必须克服我们成人想象不到的困难。

　　首先，他们要克服与爸爸妈妈分离的焦虑情绪，这对于原本比较敏感或黏人的孩子来说更加困难。如果家长处理不当，比如采取强硬手段逼迫孩子上幼儿园，就会让孩子的焦虑情绪更加严重。

　　其次，幼儿园里没有他们熟悉的伙伴。在家里时，孩子一般都是跟爸爸妈妈或其他家人一起玩，如果爸爸妈妈没有提前教孩子一些与其他伙伴相处的方法，孩子的交际能力较差，入园后短期内可能无法交到朋友，这会让他们非常孤独、焦虑。

　　另外，有些孩子的肢体协调能力发展较晚，在跟老师和小伙伴一起做游戏时，可能会跟不上节奏，这也会让他们感到不开心、不自信，从而不愿意去幼儿园。

还有些孩子可能因为比较胆小，在幼儿园遭到其他小朋友欺负，或者老师对小朋友比较严厉，让他们感到害怕等等，都会让他们对幼儿园产生抗拒心理。

所以你看，孩子不想上幼儿园的理由五花八门，不论是哪一种理由，对他们来说，要完全克服都不是一件容易的事。

帮助孩子快速适应环境

要想让孩子上幼儿园后快速适应环境，在入园前，妈妈可以经常带孩子到幼儿园周围看一看，提前帮助他熟悉环境，减少陌生感，为他做好心理铺垫。同时，妈妈还要经常告诉孩子，幼儿园里有许多好玩有趣的东西，比如有好玩的游乐场、有趣的玩具，还有很多可以一起玩的小朋友……从而激发孩子对幼儿园的兴趣。

除此之外，妈妈还要帮助孩子在家里养成良好的生活习惯，比如按时起床、自己吃饭、自己洗手、自己穿衣服、自己上厕所等；还可以为孩子读一些有关幼儿园生活的绘本，帮助孩子熟悉和学习幼儿园内的各种行为规范，便于他入园后能尽快适应幼儿园的日常生活。

在孩子入园后，如果担心老师不能细致地了解孩子或解读孩子的言行，妈妈也可以主动跟老师沟通，把孩子的一些小习惯等告知老师，请老师多加留意，以便老师和孩子更好地相处。

做好情感抚慰

大多数孩子不想去幼儿园，都是因为不想与妈妈分离，有分离焦虑的情绪。所以，当孩子对妈妈说："妈妈，我不想去幼儿园"时，我们完全不必大惊小怪，更没必要训斥孩子，而是要站在孩子的角度，蹲下来跟孩子耐心沟通："妈妈知道，宝宝不想上幼儿园，是宝宝在幼儿园遇到什么问题了吗？""妈妈很小的时候也有不想去幼儿园的时候，那你能猜到妈妈当时在想什么吗？"……通过这些方式，让孩子知道你很在意他，也很理解他的情绪，并且愿意与他一起面对困难。

当孩子放学回到家时，还要告诉孩子："我今天很想你哦！""我在想，你今天在幼儿园过得一定很开心，想到你很开心，妈妈就很开心哦！"这样的话语都可以给予孩子心灵的安慰，让孩子知道你很在乎他。

总之，孩子出现幼儿园焦虑症，背后一定是有原因的，需要爸爸妈妈能够结合孩子的种种表现弄清原因，然后"对症下药"。但在大多数时候，我们是不需要过分担心和焦虑的，因为大部分孩子在入园时都会出现焦虑情绪，但只要我们积极、耐心、温和地引导和帮助孩子，给予孩子充足的爱和安全感，孩子就会慢慢适应幼儿园生活。

第四章

在游戏中看透并培养孩子的心智

　　一说起孩子玩游戏，可能大多数爸爸妈妈都认为，游戏就是"玩"，孩子想怎么玩，爸爸妈妈为他提供条件就好了！事实上，游戏对于孩子来说并不只是玩，还是一种学习，是他们探索世界和全方位发展的重要活动。孩子可以通过游戏来锻炼自己的感知能力，学习如何让听觉、视觉等与身体更好地配合，并且掌握新的生活技能，从而获得心理预期的满足感和愉悦感。

躲猫猫，渴望被看见

很多父母不理解，躲猫猫这种既普通又简单的小游戏，为什么小孩子会乐此不疲？殊不知，这个游戏可以促进孩子在视觉、听觉、语言、运动、专注力、记忆力以及知觉等方面的发展。对于3岁以前的孩子来说，他们除了能通过游戏理解"躲藏"的意义外，更重要的是能启发他们思考如何不让爸爸妈妈"看见我"。

英国曾有一部纪录片，叫作《北鼻的异想世界》。专家对英国超过300对父母进行了"孩子最喜欢的游戏"调查，结果发现，有70%的孩子最喜欢的游戏是躲猫猫。

可是，我们会发现，当孩子2岁左右，能够和爸爸妈妈一起玩这个游戏时，他们的藏法常常令人哭笑不得。他们通常只把自己的头蒙起来，身体和脚都露在外面，而且还会大声地招呼爸爸妈妈："快来找我呀！"他们天真地以为：只要挡住自己的眼睛，我看不到别人，那别人也一定看不到我啦！

为什么孩子会有这种"一叶障目""掩耳盗铃"的举动呢？

儿童心理学家指出，孩子的这一行为主要与他们的心理发育有关。

"自我中心性"的影响

　　瑞士著名儿童心理学家皮亚杰曾经做过一个"三山实验"：在一个立体沙丘模型上错落地摆放三座山丘，然后让孩子从前后左右4个不同方位来观察这个模型，再让孩子看4张从前后左右4个不同方位所拍摄下来的沙丘的照片，然后让孩子指出，与自己站在不同位置的另一个人（参加实验者）所看到的沙丘场景与哪一张照片相同。

　　实验结果显示，2~7岁的孩子都认为别人在另一个角度看到的沙丘场景与自己所站角度看到的沙丘是相同的。只有7岁之后的孩子，才能选出与自己站立方位不同的人所看到的不同照片场景。

通过这个实验，皮亚杰提出：2~7岁的孩子具有"自我中心性"的特征。简单来说，就是这个年龄段的孩子只会从自己的立场去认识外界事物，还不能从他人的立场客观地认识事物。

而在躲猫猫这个游戏中，当孩子藏起来时，哪怕他只是蒙住了脸，让身体和脚都露在外面，只要眼睛看不见外界，他就认为别人也同他一样，是看不到外面的，自然也就看不到自己了。

渴望被爸爸妈妈"发现"

虽然很多爸爸妈妈都认为躲猫猫游戏很无聊，但孩子却乐此不疲。实际上，孩子之所以喜欢玩这个游戏，最终是希望自己能够被爸爸妈妈"发现"，他更享受的是爸爸妈妈在"发现"自己时的那种惊喜、快乐的神态和情绪。而通过游戏，孩子也会跟着模仿爸爸妈妈的表情神态，继而对喜怒哀乐等情绪产生更深入的理解和感触。

所以，我们有时会发现，当孩子大喊自己已经"藏好了"，而我们假装找不到他时，他就会很着急，甚至干脆自己跑出来，站到你面前，大声喊道："我在这里！"这时如果你故意做出惊讶的表情，他就会非常快乐、非常有成就感。在这个过程中，孩子也在努力地探索外面的真实世界，这既保护了他的好奇心与探索欲望，又通过与爸爸妈妈的互动，获得了内心的安全感。

尊重孩子的童真

有些爸爸妈妈在与孩子做游戏时，过分注重规则与事情的正确性。比如，在孩子只盖住头部或眼睛而露出身体其他部位时，爸爸妈妈就会不断提醒孩子："你的身子都露在外面啦，我一眼就看到了，这样怎么能藏住呢？"或者孩子等了半天，爸爸妈妈假装没找到他，他就会着急地自己跑出来，大声喊道："我在这里！"这时爸爸妈妈又会责怪孩子："你怎么自己出来了？这样藏猫猫是不对的！"

父母的这些做法看起来是在提醒孩子如何正确地玩游戏、如何遵守游戏规则，但却破坏了游戏的乐趣，让孩子过分地受到约束，反而变得不敢或不喜欢玩游戏了，害怕自己一旦做得不对，又要被爸爸妈妈"说教"。

聪明的爸爸妈妈会从内心里尊重孩子的童真，配合孩子在游戏中的表现，即使孩子只藏头不藏尾，或者希望快点被找到，而兴奋地大喊大叫，也不直接戳穿他，而是先假装在他周围"十分努力"地寻找一番。虽然孩子是盖住眼睛的，看不到你的行为，但他却能听到你的声音，这些声音就会为他带来一种特别刺激、紧张的感觉。然后父母再假装找到他，并做出一副惊讶的样子："哇，你藏在这里呀！我找了好久才找到你！"

虽然这样显得很幼稚，但这个"幼稚"的游戏不但能让孩子体验到其中的快乐与满足，更重要的是给予了孩子直接的感官刺激，保护了孩子的探索欲和好奇心，促进了他的学习能力与心智的发展。

与此同时，这个游戏还能让孩子学到"物体常恒性"的知识。对于我们成人来说，当我们把脸遮住又重新露出时，并不感觉有什么特别，但对于3岁左右的孩子来说，他们会认为眼睛遮住后，他看不到的物体就不存在了，然而当他睁开眼睛或从遮挡物后边出来后，发现被挡住的物体仍然存在，就会产生一种恍然大悟感，从而慢慢理解到：

外界的物体是一直存在的，并不会因为自己遮住眼睛就消失。

由此可见，看似简单无聊的小游戏，恰恰符合了年幼孩子的心智发展。这也是孩子们喜欢玩藏猫猫游戏的最主要原因。

自言自语，自我发展

小贴士

很多小宝宝在2岁左右时，会出现自言自语的现象。尽管他们可能连话都说不清楚呢，却经常自己叨叨叨地"说"个不停，有时还会带有一些与爸爸妈妈说话很相似的口吻。这其实是孩子在内化他人的形象，从本质上来说，这也是孩子自我发展的一个关键过程。

通常来说，孩子在2岁以后就进入了语言爆发期。这时妈妈发现，小家伙经常一边玩着游戏，一边嘴里嘀嘀咕咕的，不知道在说些什么，有时还带着各种语气和表情。

不光是孩子，我们成人也经常有自言自语的时候，这种现象在心理学上被称为"独白"。人的语言可以分为内部语言和外部语言，3岁前的孩子都是以学习外部语言为主，随着年龄的增长，才会逐渐形成内部语言。而孩子经常玩的这种自言自语的小游戏，正是一种从外部语言向内部语言进行过渡的方式。

所以，妈妈会常常发现，孩子可能一边玩小汽车，一边嘴里叮叮咕咕地说着："小汽车来啦，嘟嘟嘟——""快闪开，快闪开，不然小汽车就撞到你啦！"或者在玩过家家游戏时，也会自言自语地说："妈妈来抱抱宝宝，妈妈最喜欢宝宝了！""不听话，打屁股！"这些通常都是他们与妈妈日常的对话，并且这种现象可能会一直持续到他的游戏结束。

这种自言自语既是孩子游戏的一部分，还会丰富和促进孩子的游戏活动，调节他的行为，帮他驱除孤独。尤其当妈妈不在身边，或者即使在身边也无暇照顾他时，他就会采取这种"内部对话"的游戏模式，假装在与妈妈互动。这不仅有效地促进了孩子语言能力的发展，还能帮助孩子学会自娱自乐，发展独立的自我。

自言自语的规律

儿童心理学家研究表明：孩子的自言自语其实是一种创造性的说话游戏，也是孩子发展语言能力、思维能力的主要途径。在自言自语时，孩子往往会将自己想象成某个角色，比如小司机、小警察、某种小动物，或者想象自己就是爸爸或妈妈，然后按照这个角色的行为来说话。而他们自言自语时说出来的话，多数也都是爸爸妈妈平时教过的话，或者是从故事、动画片中学到的对话。

对于2~3岁的孩子来说，这个阶段正是他们具体形象思维的发展阶段，他们需要用具体的语言来促进自己思考，理顺自己的思路。比如在搭积木时，孩子就经常对自己说："这个放在哪里呢？……不对呀，要这样……"或者在画画时，孩子通常会一边画一边嘀咕：

"这是太阳，太阳要画红色的，还要有小鸟……"

你可不要小看小家伙的这些"童言童语"哦！它既是孩子的思维工具，是他们思维的有声表现，又是促进他们心智发育及自我发展的一种有效方式。这种游戏一般在孩子 3 岁左右会达到最高峰，而到 7~8 岁时就会逐渐消失了。

引导孩子积极思考

现在很多家庭都只有一个孩子，家长对孩子可谓呵护备至，生怕孩子受伤、孤独，几乎时时刻刻都陪在孩子身边，与他一起做游戏，这种陪伴可以让孩子感受到更多的爱和安全感。但是，孩子与大人一样，也需要有自己独处的时间进行学习和思考，否则不仅家长会感觉很累，孩子也没有机会让自己"安静"下来。

当然，这并不是说爸爸妈妈可以把孩子丢在一边不理会他，而是在适当的时候，比如孩子自己玩了一会儿感觉无聊时，就可以引导一下孩子，问他一些简单的问题，尝试让孩子去思考。比如，下面案例中这位妈妈的做法就很值得点赞：

妈妈正在一旁忙着做家务，3 岁的睿睿自己玩了一会儿积木后，感觉有些无聊，便来黏着妈妈一起玩。但妈妈的家务还没有做完，于是就这样引导睿睿："哇，妈妈看到睿睿在搭积木，你能告诉妈妈，你搭的是什么吗？"

"是……是一个小汽车，就是这个……还有大楼……"睿睿开始"介绍"自己的作品了。

　　"哦，有大楼，那楼里面有人住吗？住的是谁呢？"妈妈继续引导。

　　"是一个小宝宝，他喜欢开小汽车，嘟嘟嘟……"

　　不一会儿，睿睿又跑到积木旁边，继续一边自言自语，一边玩了起来。

　　可见，有时孩子并不是不能自己玩，相反，当他们找到其中的乐趣后，玩得同样开心。而在这个过程中，他们也经常会自言自语。通过孩子的这些话语，我们就可以了解到他的思考内容和方向，必要时再给予他一定的启发和引导，激发他的想象力和创造力，促进他的自我发展。

　　所以，当你发现 2~3 岁的孩子在做游戏时经常自言自语，不要急着去打断他，或者要求他"自己安静地玩，别嘟嘟囔囔的"，而是允许他自娱自乐。别忘了，这是孩子的一种"内部对话"，是自我发展的必经过程。只有当他向你求助，或者自己玩感觉没意思，过来找爸爸妈妈一起玩时，你再去引导和启发他，这样可以促使他更好地向内部语言发展，为学会独立思维创设更加有利的条件。

"搞破坏"是好奇心所致

小贴士

当宝宝到了1岁多之后，我们会发现，他经常有意无意地把自己手里的玩具或其他物品破坏掉，尤其是那些爸爸妈妈按照宝宝的成长阶段专门为他准备的玩具，总是被他破坏得更加严重：小汽车被摔得四分五裂，布娃娃的胳膊被扯掉，小熊的脚只剩下一只……爸爸妈妈很想知道，小家伙为什么这么爱"搞破坏"呢？

很多妈妈都发现了这样一些情况：

当你高高兴兴地拿着一本图画书，想要给孩子讲个故事时，他却突然"唰"的一声，把书撕掉了好几页；当你刚刚给他买回来一个新玩具，希望他能多玩一会儿时，他却没多久就把玩具摔得七零八落……除此之外，家里的遥控器、小闹钟、抽屉里的小物件，几乎都被他弄得"粉身碎骨"……

这时，你可能气得火冒三丈，甚至会大声训斥孩子不爱惜东西，殊不知，孩子这样喜欢"搞破坏"并不是他的错。而且就算你大声批评他一顿，他也很快就会忘了自己为什么被批评，转而又乐此不疲地去破坏其他玩具或物品了。

那么，孩子为什么具有如此超乎想象的破坏力呢？他们的这些行为到底是好是坏，我们要不要阻止呢？

喜欢"搞破坏"并非坏事

孩子的破坏行为一般可分为无意识破坏和有意识破坏两种，2岁左右孩子的破坏行为通常都是无意识的，并不是真正的破坏行为。严格意义上来说，他们的这种"破坏行为"不仅是无意识的，反而还是一种好奇心的表现，他们很想知道这些漂亮、好玩的东西里面到底是什么。

但是，由于孩子的语言表达能力还不够成熟，当他对一件物品感到好奇时，不会去问妈妈"这是什么"或者"它为什么会这样"，只能用行动来表达自己的好奇心和探索欲望。尤其是一些比较高科技的玩具或物品，会发出声音、会有闪烁的光线、会说话、会唱歌等，都会让他无比好奇。但是，他又看不到这个玩具是如何发出声音和光线的，于是就会通过拆卸、踩踏、乱按甚至用力摔打等方式，想弄清里面到底藏着什么"秘密"。只是这些行为在大人看来是在搞破坏，但对于小宝宝而言，这只是在探索自己的欲望、满足自己的好奇心而已。

如果我们能理解孩子"破坏"行为背后的心理动机，就会知道，孩子的这些行为不但不是坏事，反而还是好事，因为这是孩子在不断学习，同时也表明他们的心智水平正在一步步向前发展。

参与到孩子的"破坏"活动中来

面对孩子的破坏行为，一些妈妈的做法往往就是大声批评，如：

"你过来看看，这么好的书被你撕成什么样了？我看你就是欠收拾了！"

"你看看，这刚刚买的玩具，就被拆成这样了！这都是花钱买的呀，你怎么一点儿都不知道爱惜呢？"

"你瞅瞅这墙，都被你画成什么样了！我今天得揍你一顿，让你记住教训！"

……

接下来的场面可想而知。

这种"管教"孩子的方法管用吗?

可能会管用,但是,你同时也破坏了孩子对世界的好奇心,扼杀了他们的探索欲望。有的孩子可能因此记住了"教训",不敢再轻易破坏玩具或其他物品了,这就摧毁了孩子的内驱力。

实际上,爸爸妈妈应该理解孩子这些破坏玩具的行为,如果你感觉他破坏玩具或其他物品很可惜,可以在他把玩具摔坏、拆开之后,和他一起观察、研究一下玩具里面有什么、为什么会响会动、为什么会发出声音或光亮,和孩子一起寻找答案,然后再和孩子一起把能修好的玩具修理好,或者把孩子拆下来的东西重新装起来,恢复原样。这样一来,孩子就在"破坏—探究—重建"的过程中获得了心理满足。

对于3岁左右稍微大一些的孩子,你也可以给他买一些能拆卸的玩具,或者给他准备一些小螺丝刀、小钳子一类的工具,让他自己来练习拆装玩具,满足他们学习和探索的需求。

危险物品碰不得

年龄较小的孩子,对一些危险物品的危险性还不了解,很容易受伤,比如一些家电或电源插座、煤气、热水壶等。为避免这些物品伤害到孩子,爸爸妈妈一定要严禁他们接触这些东西,可以慢慢引导他们建立什么东西可以碰、可以玩,什么东西很危险,不可以碰的概念。

总之,孩子破坏玩具也好,破坏其他东西也罢,这个过程都有助于促进他们的手眼协调能力，锻炼他们的思维能力。如果孩子是带着疑问去"破坏"，并且能在爸爸妈妈的引导和协助下，用自己的行动找到答案，那对孩子的心智发展将十分有利。

乐此不疲地玩水和沙子

小贴士

小孩子好像天生就喜欢玩水和沙子，不管是几个月的小娃娃，还是三四岁的大宝宝，只要一玩起来都会乐此不疲。妈妈可能不理解，为什么孩子对普普通通的水和沙子如此痴迷。原因就在于它们是大自然赐予孩子最好的礼物，可以让孩子在其中体会到无尽的快乐和满足。

妈妈在照顾孩子的过程中会发现，大多数孩子都特别喜欢玩水。每次在浴盆里洗澡时，他们都会在水里玩个不停，一会儿用手把水扬起来，一会儿不停地拍水，水花溅得到处都是，他们也大笑不止。到了夏天的下雨天，带孩子出去玩时，他们又会在雨中嬉戏，使劲儿地踩地面的积水，哪怕被水淋湿了，也乐在其中。

除了水之外，沙子对孩子也有着无穷的吸引力。一看到沙堆，孩子就会忍不住跑过去玩，一会儿用小手抓沙子，看着沙子从指缝中一点点流出来；一会儿用小脚丫踩到沙堆里，跳来跳去，乐此不疲。

为什么孩子都这么喜欢玩水和沙子呢？水和沙子又会带给他们什么样的心理感受呢？

手部敏感期的到来

著名幼儿教育专家蒙台梭利曾经说过，处于感官敏感期的孩子，对活动的需要几乎比食物的需要更为强烈。而我们通常所说的感官包括 5 种，分别为视觉、听觉、嗅觉、味觉和触觉。一个出生不久的宝宝，会盯着一个有颜色的或缓慢移动的事物看十几分钟；一个刚刚学会走路的宝宝，会迫不及待地走遍家里的每个角落，把自己能够到的物品都摸一遍，甚至要塞到嘴巴里尝一尝……这些都是孩子不同敏感期到来的体现。

相对于其他固定的物体来说，水和沙子都具有流动性，可以带给孩子更加奇特的触觉体验。它们就像是变幻无穷的玩具：水可以流淌，可以溅起水花，可以装入瓶子里；沙子可以握在手里，可以踩在脚下，也可以装到容器里。这些变化多端的物体形态自然会对孩子产生强烈的吸引力，尤其对于 0~3 岁正处于手部敏感期的宝宝来说，他们更想通过摸一摸、抓一抓、扬一扬去一探究竟。通过手部的使用，宝宝可以更好地发现外在世界的神奇，同时促进大脑与四肢的协调能力。更关键的是，经常用手指捏起细小的沙粒，或者用手向瓶子中装水、装沙子等，可以有效地锻炼孩子的手部精细动作，这对于他们的智力发育具有很大的促进作用，可以提高孩子的认知能力，并有助于他们空间感的建立。

　　妈妈正带 2 岁多的妞妞在楼下玩，忽然，妞妞发现不远处有个小沙堆，有两个小男孩正在上面踩来踩去，高兴地大喊大叫。妞妞立刻迫不及待地朝沙堆奔去，准备跟两个小哥哥一起玩。

　　妈妈发现后，立刻叫住妞妞："宝宝，我们不玩沙子哦！那个不卫生的，都把你的花裙子弄脏啦！乖，走，妈妈带你去玩滑梯！"说完，拽起妞妞就离开了沙堆。

　　妞妞很想去玩沙子，不想跟妈妈走，就用小手指着沙堆，嘴里说着："沙子，沙子，玩沙子……"

　　"不玩，不玩，太脏了，走！"妈妈用力地拉着妞妞走了。

　　虽然孩子在玩水、玩沙子时经常会把衣服和手弄湿、弄脏，但是，与发展孩子的天性相比，这些又算得了什么呢？衣服和手脏了可以洗，天性丢了，就再也无法弥补回来了。

所以，在保证安全的情况下，家长还是应该多给孩子提供玩水、玩沙子的机会。尤其是对于那些生活在远离泥土的都市中的孩子来说，家长更要有意识地为他们创造机会去自由地玩水、玩沙子，以保护孩子探索的天性。

确保孩子的安全和清洁

虽然玩水和沙子对促进孩子的感觉发育大有好处，但也不能忽略了安全和清洁问题，毕竟 0~3 岁的宝宝还不能意识到安全与卫生的重要性。

如果担心外面的水不卫生，妈妈可以在家里为爱玩水的孩子准备一个大盆，在里面装满水，然后再准备一些小鸭子、小船、小皮球等漂浮玩具，或者小水壶、小水桶等能装水的器具，让孩子尽情地去探索和尝试各种玩法。妈妈也可以引导孩子一些其他玩法，如用小水壶装满水，倒入小水桶里；或者把小鸭子、小皮球等按到水里，看着它们再浮上来。这些玩法既能锻炼孩子的精细动作、专注能力，又能让孩子理解物体的转移、浮沉等概念。

如果想玩沙子，而周围又没有相对干净的沙堆，妈妈也可以专门为孩子准备一个小沙盘，放在阳台上，再从外面找一些比较干净的沙土放在沙盘上，同时准备一些小铲子、小桶等，让孩子在阳台上玩。当然，玩完后要把手洗干净，如果弄得太脏还要洗澡。

当孩子在玩水和沙子的游戏时，你会发现，他们每次都会玩很长时间，而且非常专注。这时，我们尽量不要去打扰他，而是让他专心地按照自己的想法去研究、探索、尝试，以此培养他们的专注能力，满足他们身心成长的内在需求。

胡乱涂鸦的"小画家"

小贴士

> 当宝宝到了1岁半以后，妈妈会发现他们越来越会"制造麻烦"，比如，他们经常在家里四处涂鸦，原本干净的家具、墙面、浴室的地板……变得惨不忍睹。孩子喜欢涂鸦，恰恰是在表达他们的内心想法，妈妈学会欣赏和鼓励孩子的涂鸦行为，往往能让孩子更好地发挥创造能力哦！

今年刚刚3岁的珠珠，最喜欢的事就是拿着各种各样的彩笔在家里涂涂抹抹，哪里都可以成为她"创作"的地方，墙壁、地面、沙发，有时甚至连床单和自己漂亮的衣服上都被画得乱七八糟，洗都洗不掉！

尽管珠珠的"破坏"行为很让爸爸妈妈头痛，但爸爸妈妈见珠珠每次都画得不亦乐乎，也不舍得斥责她。而且爸爸妈妈觉得，虽然这些都是小孩子的涂鸦，在大人眼里就是一些乱七八糟的线条、图案，但在珠珠眼里，这些线条和图案一定都是有着特殊意义的。

　　看到孩子在家里到处乱涂乱画，可能很少有家长能像珠珠的爸爸妈妈这样"淡定"，大多数家长都会很生气，有时还会粗暴地阻止、训斥孩子，甚至一气之下，把孩子的所有画笔都扔掉，将孩子精心绘制的"作品"撕得粉碎，或者因为孩子画到墙壁、衣服等难以清洁的地方，而将孩子痛打一顿，再狠狠地警告孩子："不许再乱画！"

　　爸爸妈妈之所以武断地阻止孩子涂鸦，其实是因为他们不懂孩子的内心世界，也不理解孩子的内心想法。我们不妨回想一下自己小时候，是不是也曾经有过特别喜欢涂鸦的阶段？假如我们能把自己置身于孩提时代，就能理解孩子为什么会这样做了，也就明白了他们这种"破坏"行为对于他们成长的意义了。

最原始的创造活动

　　一般来说，孩子在过了1岁多之后就开始喜欢到处乱涂乱画了，而且这种胡乱涂鸦还是他们乐此不疲的一种游戏，几乎所有的孩子都喜欢，他们也能从那些随意的线条和缤纷的色彩中获得想象的自由和创作的快乐。因此，随意、尽情地涂鸦也成为孩子最原始的创造活动。

在我们成人看来，孩子的这种胡乱涂鸦似乎毫无价值，也没什么规律性和美感可循，更不知道他们所表达的是什么。可是你知道吗？这种涂鸦的过程就是孩子的观察力、想象力和创造力的综合表现，也是他们抒发自己内心情感的过程。

不仅如此，相关研究还发现，及早为孩子提供涂鸦机会，或者给予孩子涂鸦的自由，可以有效地促进孩子手部小肌肉群的发展，进而促进大脑的发育，增强脑活动机能。也就是说，那些看起来并没什么规律性和"技术含量"的涂鸦活动，对增强孩子手部、眼部、脑部的协调配合能力，增强脑、眼对手的指挥能力，都有巨大的促进作用，而且，这种作用是其他活动无法替代的。

由此可见，孩子胡乱涂鸦也好，有意涂鸦也罢，对他们的身心发育都是有好处的，爸爸妈妈不仅不应该禁止孩子，反而还要多多支持他们的涂鸦活动呢！

"像不像"不是衡量孩子涂鸦的标准

有些妈妈可能会说："我也支持宝宝画画，可他画的什么都不像，这不就是乱画吗？这样的涂鸦有什么意义呢？"

一般来说，2岁左右的孩子在涂鸦时，所画的通常都是一些歪歪扭扭的线条。到了3岁左右，他们开始对一些美术符号感兴趣，除了会涂画各种不规则的线条外，还会画一些勉强能封口的圆圈或图形。但随着手部肌肉群和手眼协调能力逐渐发展，他们的眼睛会慢慢注视到涂鸦时画笔运行的方向，继而将图形与线条结合起来。

但是，这并不表示孩子就能画出我们成人理解的所谓"像什么"的东西，尤其从艺术角度来说的话，涂鸦或画画更注重的是意境，而非"像"。特别是在孩子刚刚学习涂鸦的阶段，我们更不能用"像不像"来作为衡量孩子涂鸦的标准。如果你动不动就说孩子"你画的是什么乱七八糟的，什么都不像！""你这画的是汽车吗？一点儿都不像呀！"这样就会打击他们的涂鸦热情，使他们对涂鸦失去兴趣，从而破坏他们的想象力和创造力。

为孩子提供合适的涂鸦场所

虽然让孩子涂鸦的好处多多，爸爸妈妈应该积极支持孩子进行涂鸦活动，但如果孩子经常在家里的任何地方乱涂乱画，确实会给爸爸妈妈带来许多麻烦。

那么，我们应该怎样做，才能既保护孩子的涂鸦热情，又减少他们随处涂鸦带来的困扰呢？

一个最简单的方法，就是为孩子专门开辟一块属于他的"涂鸦领域"。在这块领域里，孩子可以按照自己的想法和意愿随心所欲地发挥创意进行涂鸦，这样不但不会破坏家里的墙壁、物品等，还能帮助孩子养成不乱涂乱画的好习惯。

不仅要支持孩子涂鸦，在孩子的涂鸦完成后，爸爸妈妈还要及时给予孩子一些颇显夸张的表扬，或者请孩子来自己讲一讲他画的是什么。比如可以这样对孩子说："哇，宝宝画的是大海吗？这大海看起来好大、好宽广呀！""宝宝画的这是什么呢？我好想知道呀，能给妈妈讲一讲吗？"这会让孩子很有成就感，同时还能激发他们的想象能力、思考能力和语言表达能力。

总而言之，每个孩子都是天才"小画家"，爸爸妈妈不但不应该禁止他们涂鸦，还要支持他们通过胡乱涂鸦的方式尽情地展现自己、表达自己，调动孩子的手、眼、脑，使其同时得到锻炼。更重要的是，孩子可以在这个过程中体会到更多的快乐和成就感，这对于他们的心理发育是非常有益的。

反复推倒积木的快乐

小贴士

宝宝到了 1 岁左右，开始对各种形状的积木感兴趣，并学着把积木叠高，甚至搭出一些形状来。但是，他们又会突然把搭起来的积木"哗啦"一下推倒，有时还哈哈大笑，让妈妈很不解。而在宝宝看来，亲眼看着积木在自己的力量下瞬间倒塌，会让他们感觉自己特别有力量，简直有趣极了！

当宝宝到了 6~8 个月时，就会做出一些重复性的动作，比如不断把东西拿起再放下、再拿起、再放下。而到了 1 岁之后，他们会用手把一块积木摆到另一块积木上面，再不断地拿起、放下，如此重复很多次。有时妈妈看到孩子不断重复一个动作很不解，为此还会阻止孩子这样做。

蒙特梭利曾经说过："重复是孩子的智力体操。"孩子在与自己周围的物体反复接触的时候，其兴趣就会从自己的动作慢慢转移到动作的对象上面，继而做出一些重复性的动作，来反复体验自己的动作对动作对象产生的影响。这说明，孩子已经对自己动作产生的影响发生了极大的兴趣，并开始认识事物之间的因果关系。而孩子的各项能力也是在这种不断探索和学习中掌握的。

建立对空间的感受

在孩子 1 岁多时，妈妈会发现，他经常会把积木搭得高高的，然后再一下子将它们推倒。这时，如果妈妈故意做出惊讶的表情时，孩子就会开心地大笑起来。实际上，此时孩子的兴趣是在妈妈的表情上，因为看到妈妈的表情变化而开心，对搭高和推倒积木这件事尚且没有太大兴趣。

而到 2 岁以后，将积木搭高就成了孩子们非常喜欢的一种游戏，这时他就会不断地将积木搭起来，再一下子将其推倒，然后再重新搭高、再推倒……不过，他就不再像 1 岁多那样，每次都会因为积木被推倒而大笑不止，相反，有时他会很认真地看着积木倒塌的过程。因为此时孩子已经进入了空间敏感期，而不断把积木搭高、推倒，再搭高、再推倒的过程，可以让他感受到空间的变化。

与此同时，这个过程还能锻炼孩子的多种技能，比如，在仔细搭建过程中，孩子的视觉、触觉、创造力、想象力，以及手部肌肉的灵活性等，都会得到锻炼和发展，而手、眼、脑并用，又会令他的动作逐渐趋向协调。

由此可见，孩子反复推倒积木并不是什么无聊的游戏，也不是在搞破坏，而是一种学习和探索的过程。理解了这一点，我们再发现孩子有这样的行为时，就不要急着去阻止他啦！

和孩子一起玩搭建游戏

如果孩子喜欢玩搭建和推倒积木的游戏，爸爸妈妈不但不要阻止孩子，还可以陪孩子一起玩。

不过要注意的是，在陪伴孩子一起玩时，我们不要总以大人的思维来要求孩子，更不要否定孩子的想法和搭法。比如不要对孩子说："你这样搭不对！""你这样是不行的，容易倒！""你应该这样搭，看我的！"这会限制孩子的思维，破坏他们的创造力和想象力，甚至会让他们感到无聊。

尽量尊重孩子的想法，多鼓励孩子自己动手去尝试搭建。当孩子把积木推倒时，你也可以做出夸张的表情，以此表示你对他搭建和推倒行为的震惊。看到自己的行为能够引起爸爸妈妈的关注，孩子的内心会充满成就感。

爸爸妈妈还可以和孩子一起玩搭建比赛游戏，比一比谁搭得更高、谁搭得更结实，然后再推倒重新搭建。这样不但能让孩子在拿起和放下物品的过程中锻炼手部肌肉的控制能力，还能促进他的观察和思考能力，同时又可以体会到亲子互动的快乐。

为孩子提供搭建垒高的机会

在空间敏感期，除了搭建积木外，孩子还可能将各种各样的物品拿来玩搭建垒高的游戏，因为这会让他享受搭建、垒高、推倒、再搭建的快乐。我们可能觉得这样的游戏实在枯燥无聊，但孩子却

116

能从这个过程中感知到空间的变化。

所以，当发现孩子玩这样的游戏时，我们不要打扰他，更不要阻止他，甚至还可以主动为他提供一些搭建垒高的机会。比如，孩子在用积木搭建城堡时，你可以提醒孩子用身边的其他玩具来做辅助，如用纸板、纸盒等做城堡的屋顶，用小玩偶做城堡的主人，还可以鼓励他编个小故事，等等。这些都可以很好地启发孩子的智力，促进孩子的大脑和心智发展。

需要注意的是，一些易碎的物品、尖锐的物品、较重的物品等，不适合孩子拿来搭建垒高，如杯子、陶瓷制品、金属制品等，以防孩子被扎伤、砸伤，发生危险。

小小孩儿的性游戏

小贴士

你知道吗？小孩子之间会有性游戏哦！不过，这是孩子性意识发展过程中自然而幼稚的表现，妈妈大可不必视其为洪水猛兽，甚至严厉地训斥孩子。心理学家指出，幼儿期的这种"小小孩儿的性游戏"及其经验，对其今后的性心理及其人格发展都有着极其深远的影响。

小孩子的性游戏一般在 3~6 岁时比较普遍，一些 3 岁左右的孩子就开始对自己的身体产生好奇了，比如男孩会发现自己有"小鸡鸡"，而女孩却没有；女孩会发现自己经常穿裙子，男孩却从来都不穿。当孩子开始注意到不同性别之间的差异时，说明他的性敏感期已经到来了。

孩子的这种性别意识，是他形成自我意识的一个重要组成部分，而当他发现男性和女性有这些不同后，就会对自己和他人的私处非常感兴趣，比如，有的孩子会偷看爸爸妈妈洗澡，3岁左右的男宝宝还会偷看妈妈的乳房，偷看其他男孩小便。有时你会发现，他们还会做一些幼稚的小游戏，比如玩过家家时，男孩扮演爸爸，女孩扮演妈妈，把布娃娃当成宝宝，而"妈妈"还会给"宝宝"喂奶。这些都是性游戏的表现形式，通过这些游戏，孩子也会逐渐了解自己和他人的身体，探索性别的差异，学会与他人建立亲密的关系。

那么，面对小小孩儿们的这种性游戏，爸爸妈妈该以怎样的态度对待呢？

尊重和接纳孩子的行为

妈妈发现，孩子到了3岁左右，有时会自己抚摸私处，就觉得这种行为很"不雅"，因此会严厉地阻止孩子。

其实，这对孩子来说更多的只是一种生理感受，是在通过这种方式释放自己多余的性能量，并不涉及道德层面的含义，很可能这种无意识的动作让他感觉到舒服，所以就会多次尝试，并不是什么严重的问题。只要我们不去过分关注，这种行为就会慢慢消失。

有时我们还会发现，孩子会跟其他小朋友玩一些带有性色彩的小游戏，比如小男孩亲吻、拥抱小女孩等。面对这些情况，我们的反应也不要过于激烈，更不要用"你这个小色狼""你怎么能做出这种事"等语言来贬低甚至侮辱孩子。要知道，这些都只是孩子成长过程中的正常现象，与道德无关。孩子只是在体验一种特别的感受，或者向别人表达自己的喜欢，是一种很纯洁的情感，我们不要站在成人的角度去看待孩子的这些行为。

当然，如果孩子不愿意被其他小朋友拥抱或亲吻，妈妈也可以告诉孩子："如果你不喜欢他那样做，你就直接告诉他，你不喜欢。如果他继续这样做，你可以告诉妈妈，妈妈会保护你的。"同样，如果你的孩子去拥抱和亲吻其他小朋友，而遭到其他小朋友的拒绝，你也要积极引导孩子："小朋友不喜欢你这样抱他哦，我们不能强迫小朋友做自己不喜欢的事，那是很不礼貌的。"

对孩子进行正确的性教育

当小家伙开始对两性感到好奇时，可能就会向妈妈提出一些问题，比如："男孩为什么有小鸡鸡？""女孩为什么要蹲着尿尿？"这时有些妈妈就会躲躲闪闪，不直接回答孩子，而是用"你长大就知道了""小孩子不要问这么多"来搪塞孩子。殊不知，你越是这样，孩子就越发好奇。为了弄清自己内心的疑问，他可能就会通过其他不正确的方式去探求，比如故意摸小朋友的隐私部位、偷看小朋友上厕所等。

性意识是孩子成长发展中的一种再正常不过的意识了，如果爸爸妈妈将其视为洪水猛兽，甚至给孩子传递一些错误的性知识，反而可能给孩子造成很大的困扰。

网上有位妈妈跟网友分享了这样一件事：

有一段时间，她3岁的儿子对垃圾桶特别感兴趣，每次妈妈要扔垃圾时，他都很焦虑，要自己去扔；每次路过路边的垃圾箱时，他都会跑过去看一下。妈妈很不解，但也没当回事，以为小孩子就是好奇而已。

有一天，爸爸去扔垃圾，儿子忽然跑过来拉着爸爸的手，说："爸爸，不要把宝宝扔了。"并且看起来都要哭了。爸爸很不解，就问妈妈："宝宝这是怎么了？"妈妈这才想起来，前段时间宝宝问她："妈妈，我是从哪里来的？"妈妈随口说了一句："你是妈妈从垃圾桶捡回来的。"没想到儿子当真了，此后就一直担心垃圾袋里有宝宝，会被爸爸妈妈扔掉。

这个故事就充分说明，妈妈对孩子的性教育是失败的。可能在大人看来就是个无意中的玩笑，却令孩子陷入焦虑和担忧之中。

可见，不管是面对小孩子的性游戏，还是对孩子进行性教育，都不能用谎言欺骗孩子，而是尽量用孩子能够理解的语言来为他们解释关于性的知识，满足孩子的好奇心，比如："你是从妈妈的肚子里生出来的，那时候你还很小哦！"

儿童心理学家研究表明，一些探究式的性的问题和游戏可以满足孩子对异性身体的好奇心，有利于他们以后性心理的发展。因此，爸爸妈妈既要保护他们积极求知的一面，又要制止这种行为消极的一面。比如，妈妈可以和孩子一起阅读一些相关的绘本故事，很自然地给孩子指认人体的各个器官，向他说明男女身体的不同，要重视自己和别人的身体，自己的身体不能让人随便触摸，也不能随便摸别人的身体，等等。而当发现孩子有互相观看裸体或偷看异性洗澡等行为时，也不要大声呵斥，而应耐心地告诉他为什么不能这样做。

及时阻止超越底线的性游戏

怎样算是超越底线的性游戏呢？通常指孩子在进行性游戏时有意地回避大人，或者开始模仿成人的性活动时，就属于超越底线了。

如果妈妈发现孩子出现这样的游戏行为，要及时制止孩子，并且提醒他："这个游戏对身体不好哦，你们换个游戏玩吧！"需要注意的是，在制止和引导孩子时，切不可用羞辱、贬低孩子的语言，如"下流""不知羞耻"等。

同时，妈妈平时还要注意对孩子进行保护自己隐私的教育，让孩子知道，即使在做游戏时，自己小背心、小裤衩遮住的部位也不能让别人触摸；同样，孩子也不可以触摸别人小背心、小裤衩遮住的部位，要懂得保护自己的隐私，也要懂得尊重别人的隐私。

　　当然，虽然小小孩儿间的性游戏（不超越底线的）是一种正常的行为，爸爸妈妈不应该去责骂、贬低孩子，但我们也不主动鼓励和支持孩子去玩这种游戏。只有当孩子自己主动去探究时，我们给予科学的引导就可以了。

第五章

家里有个学习小能手

　　在 1~3 岁这个阶段，孩子理解外部世界和与外界沟通的能力都在快速发展。你可能很难想象，他的小脑袋里一刻也没"消停"，对运动、社交、认知等各项技能都在慢慢熟悉。也就是说，在 3 岁以前，无论是从智力上还是从行为上，孩子都已经有了很大的发展，完全称得上是一个"学习小能手"了！在这个过程中，如果爸爸妈妈运用正确的方法培养孩子，不但能让孩子的学习能力快速提升，还能帮助孩子形成健康的人格和心理。

模仿，宝宝的最高技能

> 爱模仿，是宝宝的天性。哪怕是几个月的小婴儿，在看到妈妈做出某些动作时，也会跟着模仿。而到了1~2岁时，宝宝进入到认知学习的重要阶段，此时他所能看到、听到、摸到的，都会成为他模仿和学习的对象。这既是孩子的一种天性，也是孩子所能掌握的最高技能。

模仿是年幼的孩子学习技能、探索世界的一种方式。很早以前科学家就发现，出生半个月到1个月的小婴儿就有模仿成人面部表情的能力了。这是婴儿的一种本能，也是他们快速适应外部世界的一种学习方式。如果他们不会模仿，就无法快速地认知世界。而神经学家为此还专门做过实验，结果表明，那些模仿天分越强的孩子，大脑也更加发达，智力水平相对也更高。

孩子真正意义上的模仿能力通常在3个月左右开始，这时你会发现，小宝宝在吃饱、睡醒、心情愉悦时，非常喜欢注视爸爸妈妈，看着大人的嘴巴、口型进行模仿。假如你对着他重复做张嘴的动作，他观察一会儿后，也会跟着你做张嘴的动作。

宝宝出生后的6个月内，是宝宝与妈妈建立情感依恋的关键期，所以妈妈不妨多与宝宝进行一些眼神交流，让宝宝和妈妈一起体验轻松、舒适的交流氛围，可以很好地开启他的模仿能力。如果经常让宝宝一个人躺在婴儿床上玩，不与他互动，也很少与他进行眼神交流，宝宝与妈妈缺乏依附关系，可能就会影响他日后的说话能力。

不同阶段的模仿能力

宝宝到了 6 个月左右，就进入到一个最喜欢模仿的关键时期，因为此时的宝宝已经有意识地明白，他可以对周围的某些事物产生影响了。如果你仔细观察就会发现，这个阶段宝宝模仿的往往都是爸爸妈妈的语言及动作行为，比如，当你多次重复一个动作，或者多次教宝宝一个动作，如拍手、作揖等的时候，他们就会学着做这些动作。

等到 9 个月以后，宝宝的模仿能力就会有很大提高，甚至可以理解大人某些动作的含义。比如，当我们经常一边和宝宝说"再见"，一边挥手时，宝宝就会模仿我们做挥手的动作。久而久之，即使我们说"再见"时不挥手，宝宝也会做出挥手的动作。因而在这个阶段，我们可以多与孩子玩一些手势游戏，如"小手拍拍""伸出小手点一点"等。多重复几遍，孩子就能学会，并且慢慢还会用一些动作来表达自己的想法。

与此同时，这个阶段的孩子还会发出"baba""mama"等叠词的音节。当然，在最开始时，他可能不知道"baba""mama"代表的就是"爸爸""妈妈"，他只是在模仿大人发出类似的声音。而当他成功地模仿出类似的声音之后，慢慢就会将这些声音串联起来，这时你认真听，就像是他在发出"爸爸""妈妈"的声音了。

过了1岁之后，孩子模仿的能力就会突飞猛进，模仿对象也变得越来越广泛，除了会模仿爸爸妈妈的语言外，还会模仿其他人，甚至会模仿一些小动物的叫声，如"汪汪""嘎嘎"等。对于各种动作的模仿也越来越多，比如会模仿打人动作、跺脚动作、跳舞动作等。有科学研究表明，大约80%的13~20个月的孩子，都会重复一些不熟悉的、多个步骤的序列动作，且这个水平与他们一年后的水平相差无几。

正确引导孩子模仿

对于成长中的孩子来说，模仿就是他们认识世界和探索世界的一种方式，通过模仿，他们掌握了越来越多的技能，同时也满足了自己内心的情感需求。当他们发现自己能做到与爸爸妈妈一样的事情、能说出与爸爸妈妈一样的话时，内心是充满了成就感的。

但是，孩子毕竟年幼，不能分辨周围事物的好坏，无论遇到什么事情，只要他们觉得好玩、有趣，就会想要模仿，这就使他们可能会模仿一些不好的言行。

妈妈最近发现，1岁多的嘉浩最近总是玩着玩着就发出"嗷嗷"的怪叫声，就像狼叫一样。妈妈问他这是什么声音，他也说不清楚。有一天晚上，妈妈带着嘉浩准备上床睡觉，嘉浩忽然又发出几声这样的叫声，把妈妈吓了一大跳！妈妈很不解：这孩子到底在干什么？

第二天中午，妈妈忙着做饭，就让嘉浩看一会儿电视。电视里播放的是《动物世界》，嘉浩非常喜欢看这个节目。不一会儿，妈妈就听见电视里传来"嗷嗷"的狼叫声，妈妈这才明白，原来嘉浩是从《动物世界》里学的狼叫。

可见，孩子在模仿时，不仅会模仿爸爸妈妈有意教给他们的声音、言语、动作等，还会模仿一些他们无意中发现并感兴趣的事物。尤其现在的孩子接触电子产品较早，经常通过电视、平板电脑看各种动画片，一旦发现其中有一些他们感觉很好玩、很刺激的内容，可能就会去模仿，如各种奇怪的叫声、打斗场景等。

这时，爸爸妈妈就要对孩子进行正确的引导，尽可能让孩子模仿一些健康的东西，如过家家、当小医生、做老师等。这些创造性的模仿不但能丰富孩子的生活常识，让他们学到更多的生活技能，还能从中学会如何帮助他人、如何与他人进行沟通等，让他们的心灵获得健康的滋养。

为孩子树立健康的榜样

父母是孩子的第一任老师，孩子的主要模仿对象也是自己的爸爸妈妈或其他家人，如爷爷、奶奶等。尤其在1~2岁这个阶段，是孩子学习模仿的最佳时期，在这个阶段，若家长不能做好榜样，经常表现出一些不良的习惯、言行等，孩子就会模仿，继而影响他们的身心发育。

比如，有的家长喜欢随地吐痰、随地扔垃圾，孩子就会学得"有模有样"；还有的家长喜欢说脏话，正在学说话的孩子可能也会在无意中学会说脏话，虽然他们并不知道这些话的含义，但"出口成脏"的孩子是很难受到他人喜欢的。

相反，如果爸爸妈妈待人和蔼可亲，与人交往沟通时礼貌有加，平时积极、乐观、幽默，那么孩子也会从爸爸妈妈身上学到这些优点，并且能与周围的人融洽相处。这对于他们日后走向学校、走向社会，建立良好的社交关系等，都有着极大的帮助。

在爬行中体验快乐

小贴士

爬行，意味着宝宝从"被动移动时代"正式进入了"主动位移时代"，这将为他们开拓新天地、探索新秘密提供强有力的支持。通过爬行，宝宝终于可以触摸到自己想要的东西，获得了内心的满足，同时也证明了自己的存在和成就。这对于宝宝的心理发育来说是一项十分重要的技能。

宝宝学会爬行的时间一般在7~8个月，到9个月左右时动作变得纯熟。不过，宝宝一开始并不都以标准的动作——双手双膝支撑着向前爬的姿势进行爬行，他们可能会出现向后倒退、肚子贴在地上爬、匍匐着爬行等姿势，有时甚至爬着爬着一屁股坐在地上，然后向前蹭。

有些妈妈看到自己的孩子这样爬行，可能会有些担心："我家宝宝这样爬正常吗？会不会有什么坏处呀？"

其实对于学爬行的宝宝来说，并不是标准的手膝爬才叫爬行，宝宝用什么方式移动也并不重要，重要的是他们正在努力实现独立运动，并且从这项运动中体验到更多的快乐和成就感。从爬行开始，宝宝就实现了"跨世界"的一大步，终于可以自主地去探索这个世界的美好和奇妙了。未来，宝宝也将依靠爬行慢慢学习站立、学习行走，迈向更加广阔的世界。

爬行的乐趣与好处

很多妈妈认为，孩子在地上爬来爬去太不卫生了，经常把手、脚和衣服弄得很脏，而且还不安全，有时照看不周，他可能就去触摸一些危险的东西，如电源插孔、热水等。因此，这些妈妈就不让孩子爬行，只要看到孩子有想爬的意向，就立刻把他抱起来，阻止他爬行，并且还会刻意让孩子练习站立，想让孩子从坐直接过渡到站立、行走，剥夺了孩子爬行的权利。

这种做法对不对呢?

实际上，爬行对孩子未来的身体机能、生理及心理方面的成长与发育都大有好处。

首先，爬行可以促进孩子的大脑发育，增强大脑对手、脚和眼睛等神经运动的调控，促进孩子手眼协调能力、精细动作、平衡感以及感知能力的发展。如果孩子小时候没有进行过爬行，直接从坐过渡到走，他长大后就可能会出现感统失调现象，比如注意力不集中、脾气暴躁、学不会跳绳、走路容易摔跤等，学习和生活能力往往不及同龄的孩子。

其次，孩子在爬行过程中，通常会有抬头、翻身、打滚、匍匐前进等环节，最终学会爬行。这些都需要借助于头部、颈部、胸部、腰腹部、臀部及四肢肌肉的力量，并且还要消耗大量的能量，因此可以让他们的肌肉、骨骼等获得全方位的训练，并且还可以促进孩子的新陈代谢。

再次，除了身体方面的影响外，爬行对孩子的心理健康也很有益。因为在学会爬行后，孩子就能通过自己的运动，触碰到自己想要的东西，这就让他们的内心获得了主动满足。以前孩子看到某件感兴趣的东西，即使想要，如果大人不肯给他，他就只能看看、想想，但现在他可以自己爬过去摸到甚至拿到，这会让他们的心理获得极大的满足感和成就感。

所以，爸爸妈妈千万别小看爬行对孩子成长的意义，更不应该阻止孩子爬行，相反，还应该创设良好的环境，为孩子练习更好地爬行助力呢!

让孩子爱上爬行

爬行是每个孩子成长过程的必经阶段，也是一个人一生中，手、脚等各个身体器官最先综合工作使用的活动，对孩子的整个人生都会有影响。

但是，有些妈妈发现，自己家宝宝就是不喜欢爬行，妈妈去引导他，他也不愿意爬，这是怎么回事呢?

其实，小孩子原本都是喜欢爬行的，只是一开始想拿到什么东西时被妈妈代劳了，慢慢他就不想爬了。

牛牛10个月时，才开始有想要爬行的意思，之前妈妈见同月份的小宝宝都会爬了，牛牛却仍然只会坐着、趴着，很是着急。好不容易到10个月时，牛牛想要爬行了，妈妈很兴奋。

131

为了让牛牛快点学会爬行，在每天牛牛睡醒、吃饱后，妈妈就把牛牛抱到地上，然后在远处放一个小熊，让牛牛爬过去拿。牛牛刚学会爬，加上又有点胖，爬行时总是慢吞吞的，有时刚爬两下就坐下了，然后眼巴巴地望着妈妈，希望妈妈能帮他把小熊拿过来。这时，妈妈就会忍不住把小熊拿近一点儿。牛牛再往前爬一点儿，妈妈就再把小熊拿近一点儿，最后小熊都要到牛牛手边了，可当牛牛拿到小熊后，就再也不想爬了。

　　爬行原本可以给孩子带来成就感和满足感，他会很享受这种自主活动的过程。尤其当他通过自己的努力，获得了自己想要的东西时，会特别有成就感。但是，如果中途被妈妈打断了，或者提前实现了他的"愿望"，孩子的内心就会产生失落感或挫败感，同时还会产生"我不行""我不能"的情绪。这种情绪让他感到很不愉快，为了避免这种情绪的影响，以后他就会刻意不去爬行了。

　　所以，当孩子在爬行的时候，如果周围没有危险的物品，就尽情地让他去快乐地爬行吧。如果他想通过自己的爬行去获得某种东西，妈妈也不要阻止他，更不要提前拿过来递给他，而是鼓励他自己去拿。当孩子拿到后，妈妈还要给孩子鼓掌，表扬他的勇敢和能干。这样，孩子才能从爬行中获得属于他的快乐与成就，同时还能促进孩子的身心健康发育。

　　儿童心理学家曾经对爬行多与爬行不足的儿童进行过对比研究，结果发现，爬行多的儿童动作更灵敏、求知欲更高、学习能力更强，同时情绪也更愉悦、平和。所以，妈妈不仅不能阻止孩子爬行，还要鼓励他去爬行。当然，学习爬行也需要一个过程，妈妈不要太着急，要给予孩子充足的时间，耐心地引导他，也不要过分地将爬行当成是孩子必须全面发展的一项技能。如果孩子没有经过爬行阶段，就直接学走路了，妈妈也不要太焦虑，非要把孩子按在地上，让他学习爬行，只需要耐心地引导和鼓励即可，让孩子快快乐乐地学习爬行、掌握技能、健康身心。

爱"唠叨"的妈妈与爱"表达"的娃娃

小贴士

当宝宝牙牙学语时，他就已经开始进入自己的语言敏感期了。在这个时期，宝宝特别喜欢模仿大人说话，尤其喜欢学大人打电话、唱歌等，简直就是个学习小能手！面对宝宝的"学习热情"，如果妈妈平时多跟宝宝交流，就会为宝宝表达能力的提升奠定基础。

不少妈妈认为，刚出生的宝宝是不理解语言的含义的，因此在宝宝婴儿时期，是没必要跟他说那么多话的，只要照顾好他的吃喝拉撒，让他的身体棒棒的就行了。

这种认识是错误的。科学研究表明，婴儿的脑细胞在见、闻、觉、知等多种刺激下，才能不断成长，并且对周围的一切形成印象。在照顾婴儿的过程中，妈妈说的每一句话都会灌输到婴儿的头脑中，小婴儿也会对妈妈的话做出反应。

因此，很多妈妈会发现，在宝宝两三个月时，如果他吃饱了、睡醒了，就会发出"啊啊""嗯嗯"的声音，并且喜欢看着妈妈发出这些声音，这表明他内心很满足、很舒服。而到了五六个月时，如果妈妈反复对他说"妈妈""爸爸""宝宝""乖乖"等叠词，宝宝就会"咿咿呀呀"地回应，这时孩子其实就是在表达、在"说话"；到了1岁左右，宝宝一般就会说一些简单的字和词语了，如"吃""喝""妈妈""爸爸""汽车"等。

由此可见，孩子对语言的学习是有规律的，妈妈只有在孩子学习的每个阶段都能认真引导他，多与他交流，做个爱"唠叨"的妈妈，孩子才能逐渐掌握大量的语言，并且喜欢"表达"、喜欢说话。

孩子喜欢爱"唠叨"的妈妈

彤彤已经2岁半了，虽然跟她差不多大小的宝宝都已经开口说话了，有的甚至都能表达完整的句子了，可彤彤仍然不怎么开口说话，有时想要什么东西，就用手指一指。这让妈妈十分着急，平时自己工作忙，彤彤都是跟着保姆在家待着，自己跟女儿交流的时间很有限，现在她很担心，女儿这种情况，是不是得了孤独症呀？

这位妈妈的情况，现在社会上很普遍。由于工作原因，许多年轻人生下孩子后，就把孩子交给老人帮忙带，或者直接请个保姆在家带，有的甚至让父母把孩子送回老家去养育。这就使得爸爸妈妈与孩子沟通的时间非常少，不但不能很好地陪伴孩子，还可能错过

孩子的语言发育期。

对于婴幼儿来说，出生的前 3 年需要爸爸妈妈为他完成所有保证他生存的事情。但除了吃喝拉撒之外，孩子还需要经常看到"人脸"、听到"人声"，尤其是听到妈妈对他们爱的"唠叨"。事实上，不管孩子在哪个年龄段，带有爱的抚育一定是"唠叨"的。只有真心爱孩子、陪伴孩子的爸爸妈妈，才会不断在孩子耳边唠叨，即使孩子经常弄脏衣服、弄坏东西，爸爸妈妈对他们也是充满爱意的。这种"唠叨"，孩子在很小的时候听到后可能不会有什么反应，但却可以不断地印到他们的脑海里，引导着他们向爸爸妈妈学习表达，继而早早地冒出话语。因为所有的"说"都是建立在"听"的基础之上的，只有听得多，才可能说得早、说得多。

所以，如果你发现别人家的孩子说话早，小嘴"伶牙俐齿"，通常是因为他在3岁前身边总有最爱他的爸爸妈妈的"唠叨"。相反，如果你的孩子到了三四岁还不愿意开口表达，也不愿意与同龄人交流，很可能是因为你对他"唠叨"得太少了。

做个"话痨"妈妈

美国儿科学会建议家长们，平时只要有机会，就多与孩子说话，不管你的孩子多大，哪怕只是个襁褓中的小婴儿，也要多与他"交谈"。即使他们可能还不知道你说什么，你充满爱的声音也会让他们感到安全和温暖。

所以，在孩子幼小的时候，尤其是在1岁半以内，不管他是否对我们的话有反应，也不管他是不是能听懂，我们在照顾他、对他表达爱的时候，都要多唠叨一些，做个"话痨"妈妈，让他的耳边留下妈妈的细语。不管是抱着宝宝玩耍时，还是推着宝宝到外面散步时，也都要多跟他说话，如："宝宝你看，这里是大树，绿色的大树，好高呀！""这是花，红色的小花，宝宝喜欢吗？"

孩子是刚刚来到这个世界的"客人"，对一切都充满了好奇，而妈妈用亲切的声音、变化的语调与他讲他面前的各种事物，就可以帮助他们在大脑中形成记忆，对提高他们日后的表达能力非常有效。

当然，这不是说爸爸就不需要对孩子多说话了，孩子同样喜欢听爸爸低沉的声音哦！所以，爸爸在带孩子时，也别忘了多"唠叨"，做个"唠叨"的爸爸也很好。

用正确的语言习惯与孩子交流

如果我们仔细观察就会发现，有些孩子说话的语气、表情、语速等，与他的妈妈简直如出一辙。这说明，孩子平时与妈妈接触最多，受妈妈的影响也最多，妈妈的语言习惯、说话时的表情等，会直接被孩子模仿和学习到。

所以，如果想让孩子学到良好的语言习惯和表达方式，妈妈在平时就要注意自己的语言习惯，不管是说话的方式、语气，还是用词等，都要尽量规范、正确，这样孩子才可能学到正确的语言逻辑。

比如，有些妈妈跟孩子说话时，总是喜欢用叠词，如"吃饭饭啦""睡觉觉啦""穿鞋鞋了"等，这些都属于不规范的语言，应尽量避免，改用规范的语言来跟孩子交流，如："宝宝，我们过来吃饭啦！""宝宝，我们要睡觉喽！""宝宝自己学会穿鞋啦！"

同时，妈妈还要注意，平时要多使用正面、积极的语言，比如"我喜欢你""妈妈爱你""你能行的，试一试""我相信你"等语言，避免负面、消极的语言，诸如"我不要你了""你好讨厌""这个你不行""你做不到的"等。这不仅能帮助孩子养成良好的语言习惯，还有助于提升孩子的自信心，对孩子的心理成长大有好处。

可怕的"电视保姆"

小贴士

　　不少妈妈为了能让吵闹的孩子安静下来，经常会让电视担任"保姆"的角色，不知不觉中，孩子成了"小小电视迷"。这种做法不但会影响孩子的智力发育，还会导致孩子与外界交流过少，形成孤独、冷漠的心理状态。

　　照顾孩子是一件颇为辛苦的事，有时妈妈没有时间和精力应付缠人的孩子时，通常都会打开电视，让孩子在各种各样的电视节目中安静下来。这一招确实有效，孩子在看电视时会非常安静，这时妈妈就可以休息一下，或者做一些其他的事情。

　　还有些妈妈觉得，现在的孩子也没什么太多的娱乐活动，无聊时看看电视，打发打发时间，也没什么坏处，不然孩子无所事事多孤单呀！而且电视里还有各种唱歌、跳舞、动画片等，孩子经常看看，还能学到很多东西呢，比如看完后学会了唱歌、跳舞，知道吃饭前要洗手，等等。

　　以上的做法和想法似乎颇有道理，但是，从孩子长远的成长和身心发展来看，电视节目对婴幼儿的发展还是有负面影响的。1999年，美国儿科学会就在大量研究的基础上建议广大家长，在孩子2岁前，要限制他们看电视。即使是 2 岁以上的孩子，也要严格控制看电视的时间。

混淆电视与现实的关系

由于爸爸妈妈平时上班都比较忙，仔仔 6 个月时就由奶奶帮助照顾。有时奶奶要做饭，或者要做家务时，为了不让仔仔缠着自己，就把电视打开给他看，仔仔每次都看得很入迷。

但是，爸爸妈妈发现，随着仔仔的长大，他的脾气变得越来越暴躁。家里人稍微不满足他的要求，他就大喊大叫。更让爸爸妈妈不解的是，仔仔一发脾气，就会拿起一把玩具锯，使劲儿地锯大人的手、腿等。

后来妈妈发现，仔仔特别爱看电视上的动画片，而动画片中就有这个用锯锯人的行为，仔仔原来是从电视里学到的。

孩子从几个月起就有了模仿能力，所以他们可以模仿电视里人物的动作和行为。但是，他们却经常混淆电视与现实中的关系。比如，10个月的宝宝会将电视里出现的吸引人的玩具当成真的玩具，并尝试上前去拿；而到了1岁多后，他们还会模仿动画片中一些人物的动作，就像案例中的仔仔一样，模仿电视里的人物用锯锯树、锯人的行为，并且还会把自己当成是电视中的人物，说出一些奇怪的话，甚至做出一些暴力的行为。

这种情况并不难理解，两三岁的孩子正处于一个学习阶段，自然会模仿电视里出现的一些动作、语言等，但他们又没有能力辨别哪些属于不良信息，更不懂得筛选哪些是对自己有益的内容。长久下去，不但孩子的思维能力会下降，而且孩子经常模仿其中的一些不良言行，还会影响到他们的心理发育。

影响脑部、视觉及语言发展

婴幼儿阶段是孩子大脑神经系统发育最快速的阶段。通常来说，在孩子1岁左右，脑细胞的发展就已经达到成人的50%，2~3岁时则达到了75%。在大脑功能发展的关键时期，孩子平时进行的智力活动越多，就越能构结出更多的脑神经回路与联结，思考能力也会大大提高。

但是，如果孩子在大脑发育的关键时期，经常接触到一些过度的视觉刺激，如经常看电视、手机，或者玩电动玩具等，而很少花时间进行一些挑战性的活动，如看书、拼图、玩积木等，又缺乏与成人及同龄伙伴的沟通和交流，就可能会影响到他们的大脑发育以及解决问题的能力。

而且，孩子从出生起，所面对的就是一个崭新的世界，这让他们对一切都充满了好奇。当他们看到自己好奇的东西时，就会产生强烈的反应，继而想要去探索和求知，只有这样，他们才能将自己大脑的知识库逐渐扩大。但当同样的东西或信息一再呈现在他们面前时，他们的注意力反而又会下降。多数研究也发现，过早、过多地依赖电视的孩子，很容易出现注意力难以集中的现象，在以后的学习中也容易出现记忆力差、阅读困难等问题。

在亲子互动与看电视间找好平衡

任何时候，电子产品都不可能代替一对一的交流与互动，所以，妈妈应尽量让孩子远离"电视保姆"，用亲子间的各种互动方式来陪伴孩子。不管孩子会不会说话，都要多跟他们说话、交流，和他们做一些简单的游戏，这才是促进孩子学习能力和其他方面健康发展的最佳方式。更重要的是，这种互动有助于建立妈妈与孩子之间的情感连接，不仅能促进孩子的智力发展，还能促进他们的情感发展。

当然，这也不是说我们就要把电视当成洪水猛兽，"谈电视而色变"，完全不让孩子看电视，或者让孩子彻底远离电子产品，这一点在数字时代是根本做不到的。在孩子 2 岁之后，偶尔让他们看一会儿电视或玩一会儿平板电脑并没有大碍，只是要严格限制时间，比如每次不能超过 30 分钟，不要让电子产品成了孩子的"保姆"，导致孩子过分依赖电视。

另外，妈妈还要帮助孩子选择适合他们的电视节目。对于 3 岁以下的孩子，最好选择一些画面转换比较慢的节目，这样不容易对他们的注意力和理解能力造成很大困扰；或者是一些情节内容比较短的节目，如一些简短的小故事，不需要孩子很费劲地去理解，这样才更容易被孩子所接受。

与孩子一起看电视

如果孩子想要看电视的话，妈妈也可以陪着孩子一起看电视，这样当孩子对某个电视节目熟悉之后，我们就可以让节目暂时停下来，然后引导孩子学习或记忆一下里面的一些知识。

比如，你可以在暂停后，指着屏幕上的一些东西问问孩子："这个是什么呀？""它能做什么用？""这只小动物喜欢吃什么？""大飞机可以在哪里飞行呀？"等引导孩子来作答。或者用孩子能理解的语言，简单地给他讲一讲相关的知识等。

这样与孩子一起看电视，就能改变孩子自己一个人看电视的消极状态，从而促进孩子去积极地思考和探索，与妈妈形成亲密的互动。

没完没了的"为什么"

3 岁半的菲菲，平时特别喜欢问各种问题，对什么事都充满好奇。

这天晚上，妈妈带着菲菲出来散步，菲菲就问妈妈："妈妈，为什么天会黑啊？"

妈妈回答："因为太阳落山了。"

菲菲："那太阳落到哪座山了？"

妈妈："落到西边很远的一座山了。"

菲菲："很远有多远呀？"

妈妈："很远就是……"

刚开始时，妈妈还很耐心地给菲菲解释，可是菲菲的问题太多了，有些问题连妈妈也不知道怎么回答。

相信很多家长都有过这样的经历吧，孩子似乎有永远都问不完的问题：

"妈妈，为什么鱼要在水里游来游去？"

"妈妈，天上为什么白天有太阳，晚上有月亮？"

"爸爸，蚂蚁为什么会爬？"

"爸爸，你为什么要上班？"

……

他们似乎天生就是个提问小专家，不管在哪里，只要看到以前自己没见过的事物，就会不停地追着爸爸妈妈问"为什么"。很多家长面对孩子那些天马行空、稀奇古怪的问题，感到既无语又无奈。有些爸爸妈妈最后实在回答不上来了，干脆随便说一个答案敷衍孩子，或者直接制止孩子，不让他再问了。

其实，这些方式都会破坏孩子的好奇心。在幼儿时期，很多事情都会让孩子感到好奇，而这种好奇心理也促使他们去不断地问"为什么"，这是孩子求知欲旺盛的表现。如果爸爸妈妈胡乱敷衍孩子，甚至直接制止孩子提问，就会让孩子认为自己问这些问题是错误的、是不被接受的，以后再有不解的问题，他也不敢问了。显然这会对求知欲旺盛的孩子造成负面的影响。

切忌敷衍或不理睬孩子的问题

对于孩子提出的问题，不管多么幼稚、可笑，妈妈都不要采取敷衍、不理睬甚至厌烦、嘲笑的态度。否则，你的态度就会让孩子感到沮丧，从而放弃提问，使孩子的好奇心遭到破坏。

所以，即使你感到孩子的问题很无聊、很幼稚，也切忌说一些"你怎么这么烦人""你问这些问题真无聊""不要再问了，你长大就知道了"等等。这既会伤害孩子的求知欲和自尊心，还会让他们的困惑更多。

有研究表明，孩子所问的大部分问题都是他们真心渴望知道答案的。只要称得上是问题的，都是因为孩子渴望了解世界，都具有探索的价值。如果他们的问题得不到解答，内心的困惑不能解开，他们就会一而再、再而三地产生问题。比如，当下雨的时候，孩子问你："妈妈，被雨淋湿会生病吗？"你回答他说："会。"但过了一段时间后，孩子可能又会问："妈妈，你之前说被雨淋湿会生病，可是我今天被雨淋到了，我没生病啊，为什么？"

可见，当孩子向你问"为什么"时，敷衍和制止都不是恰当的处理方式。即使你真的感到很烦恼，或者真的不知道该怎么回答，也不要用这种方式打发孩子。

用简单、易理解的语言解答孩子的困惑

由于 3 岁前的孩子理解能力很有限，爸爸妈妈在回答他们的问题时，一定要用简单、明确，孩子能够理解的语言来解答，并且要尽可能地贴近孩子的生活。

马上要吃饭了，妈妈对 3 岁的苗苗说："苗苗，让爸爸带你去洗手，我们要吃饭喽！"

此时苗苗正在搭积木，根本没理会妈妈的话。爸爸见了，就走

过来对苗苗说："苗苗，妈妈让我们去洗手，我们要吃饭了。走，爸爸帮你洗手去。"

"不嘛，为什么总是洗手？"苗苗嘟囔着，没起来。

"为什么洗手？因为我们要吃饭呀！"爸爸说，"快起来，洗手去！"

"我的手不脏，为什么吃饭就要洗手？"苗苗很不高兴地对爸爸说。

"因为吃饭就要洗手，不洗手吃饭会拉肚子……"

"为什么不洗手会拉肚子？"苗苗又问道。

爸爸有些不耐烦了，大声说："快起来洗手去，别问了！"

在这个案例中，爸爸的做法就很不恰当。实际上，对于两三岁的孩子来说，他们并不知道吃饭与洗手的关系，如果你只是单纯地让他去洗手，然后吃饭，他是很难理解的。

这就需要爸爸妈妈依照孩子的理解力来回答他们的问题，比如告诉她："因为我们的手上有很多细菌，如果不洗干净，吃饭时就会把细菌吃到肚子里。这时，我们的小肚子就会很痛，就会生病。"如果孩子接着说："细菌是什么？我看不到手上有细菌啊！"我们可以先告诉孩子："等我们洗完手，吃完饭，妈妈就告诉你什么是细菌。"当孩子乖乖洗完手、吃完饭后，我们可以找一本关于洗手的绘本和他一起读一读，解开他内心的困惑。

这样一来，孩子不但解开了自己内心的困惑，以后还会养成吃饭前主动洗手的好习惯，学到了健康知识。

和孩子一起寻找问题的答案

孩子的问题天马行空，有时很容易触及到家长的知识盲区，这时，有些家长为了打发孩子，就会胡乱回答，或者自己编一些童话故事来回答孩子，结果可能会给孩子灌输一些不正确的知识。

比如，当孩子问："妈妈，太阳为什么不会从天上掉下来呢？"有的妈妈就会这样告诉孩子："因为太阳被天上的神仙抓住了，不许它掉下来，否则会砸到人的。"

这种用编故事的方式来回答孩子的问题，就会给孩子造成一种错误的认知，完全不能够帮助他积累知识。

实际上，如果我们真的一时回答不了孩子的问题，或者有些问题越解释越糊涂，那么不妨坦诚地告诉孩子自己也不知道，然后邀请孩子和自己一起寻找答案。

有一天晚上，3岁的琪琪和妈妈一起出去散步，琪琪忽然看到了天上的月亮，就问："妈妈，现在的月亮为什么不圆了？我上次跟你出来时，看到它是圆的呀！"

妈妈思索了一下，很认真地告诉琪琪说："嗯，琪琪的这个问题好难，妈妈也不知道怎么回事，要不我们一起找找答案吧！"

随后，这位妈妈就给女儿专门买了一本日历，然后每天晚上跟女儿一起观察月亮的形状，并记录下来，让女儿理解月亮在一个月里的形状变化。

在父母和孩子共同寻找问题答案的过程中，孩子可以学到很多知识，而且还会激发他们的探索精神。当他们慢慢长大一些后，再遇到问题，他们也会想到自己去寻找答案，这对于启发他们的学习兴趣，帮他们养成良好的学习习惯，都具有很大的帮助。

乐此不疲的"过家家"

小贴士

一般来说，2~3岁的孩子都很喜欢玩"过家家"游戏，这是孩子心理发展过程中的一个正常阶段。在孩子的整个幼儿时期，"过家家"游戏都占有很重要的地位。妈妈可不要小瞧这种看似幼稚的小游戏哦，孩子可以从中学会很多知识呢！

"过家家"是很多孩子都喜欢的游戏，而且孩子玩的许多"过家家"游戏都是成人化的，每个孩子都会在其中扮演一个角色。一般情况下，男宝宝喜欢扮演爸爸，女宝宝喜欢扮演妈妈，他们会像父母抱小宝宝一样，抱着自己的"小宝宝"，一边拍"小宝宝"睡觉，一边嘴里还给"小宝宝"唱着"催眠曲"："宝宝听话，快快睡吧……"

除了扮演爸爸妈妈外，他们还会布置自己的"家"，比如在哪里做"饭"，在哪里吃"饭"，怎样给布娃娃梳妆，布娃娃要穿什么衣服，要给布娃娃准备哪些玩具和生活用品，等等。

每次看到孩子玩这种角色扮演的小游戏，爸爸妈妈都会忍俊不禁。那么，这种大多数孩子都喜欢玩的"过家家"游戏，到底有什么神奇的魔力，能如此吸引孩子呢？

你所不知道的神奇魔力

事实上，孩子玩的各种"过家家"游戏都是对大人日常言行的模仿。在玩的时候，他们会回忆起日常生活中同爸爸妈妈在一起的场景，或者是从其他地方看到的场景，继而将这些充分应用到自己所扮演的角色当中。这时，孩子需要调动自己的记忆力、想象力和观察力，才能让游戏得以进行下去。

凯凯、小迪和昊昊三个人正在玩"过家家"游戏，他们三个人一起开了一家小"饭店"，凯凯当厨师，小迪当老板，昊昊当顾客。

昊昊假装走进来，大声说道："老板，我要点菜。"

小迪快速跑过来，说道："你好，你想吃点什么？"

昊昊说："我想吃烤串，你们这有吗？"

小迪一本正经地回答："当然有。你还要点杯饮料吗？"

昊昊说："可以啊，给我来一杯橙汁吧。"

小迪假装拿着一支笔和一个本子，把昊昊点的"餐"记下来，然后跑到凯凯那边说："有人点了烤肉串。"

凯凯马上说："好，我马上烤。"然后假装拿起"烤串"开始工作……

这些情节是不是与我们去饭店就餐时的场景非常相似？

除此之外，孩子还会扮演医生和病人、售货员和顾客、老师和学生、交警和司机等，有时是跟爸爸妈妈一起玩，有时是跟自己的小伙伴玩。在玩的过程中，虽然他们嘴里说的是很幼稚的童言童语，但建构的场景却都是成人的社交，哪怕有时他并不能理解这些活动的意义，却也模仿得有模有样。这样一来，不仅他的语言表达能力、认知能力、社交能力等都得到了锻炼，他还能在与同伴沟通的过程中学会解决问题、化解矛盾，享受与同伴一起游戏的快乐。更重要的是，这些游戏恰恰满足了孩子自我意识和模仿能力的发展，使他们对周围的环境有了最初的认知。

爸爸妈妈可以参与其中

有些时候，孩子还会要求爸爸妈妈陪自己玩"过家家"游戏，有的爸爸妈妈觉得这种游戏很幼稚、很无聊，就会拒绝孩子。

如果你也经常这样做，那么你就会失去引导孩子学习和进步的机会。如果有时间，我们最好能够参与到孩子的游戏当中，在游戏中充当一个角色，比如：孩子当老师，你当学生；孩子当妈妈，你来当宝宝等等。当你融入孩子的世界后，不但可以增强与孩子之间的亲子关系，还能在游戏过程中对孩子进行适当的教育，尤其当孩子说出或做出一些不当的言行时。参与游戏时，就是对他们最好的教育时机。

比如，在游戏过程中，孩子说："你再弄错，我就要打你了！"这时你就要及时引导他："宝宝，打人是不对的，你这样做会让妈妈很伤心的。如果你觉得妈妈做错了，可以提醒妈妈，妈妈就会改正了呀！"这样纠正孩子的言行，就能逐渐让他学会如何与他人交往、沟通，而又不会与对方产生矛盾。

另外，在和孩子一起做游戏时，爸爸妈妈一定要让孩子担当游戏的主角，自己来当配角。孩子在玩游戏时都会有自己的主意，爸爸妈妈耐心配合就好，不要觉得孩子这样玩不好、没意思，不停地打断他。而当孩子不知道该怎么玩下去时，你可以适当增加一些情节，打开他的思路，让游戏的时间延长。

妈妈正在陪 3 岁的小泽玩"恐龙英雄拯救公主"的游戏。妈妈和小泽先把几个恐龙玩偶放在地上，妈妈扮演大反派，小泽有 5 只恐龙玩偶组成的一支恐龙英雄战队，另外还用一个小玩偶当公主。妈妈用积木搭了一座"监狱"，把公主关进"监狱"，然后又在恐龙英雄战队和大反派中间加上由几块积木搭建的一条河流，河流上还搭建了一座桥。

　　"战斗"开始了，妈妈扮演的大反派与小泽带领的恐龙英雄战队在桥上展开"激战"，最后恐龙英雄战队战胜了大反派，成功地从"监狱"中救出了公主。

　　玩到这里，小泽不知道接下来该怎么玩了，妈妈想了想，说："要不我们交换一下角色吧，这次我来当英雄，你当大反派，怎么样？"

　　"不，我不想当坏人！"小泽拒绝了妈妈的提议。

　　妈妈又想了想，说："那这样吧，恐龙英雄战队救回公主后，要给公主建造一座漂亮的王宫，我们一起建王宫怎么样？"

　　"好呀，好呀，建王宫！"小泽立刻又来了精神，兴冲冲地搬来积木，要和妈妈一起给公主建造王宫。

　　总而言之，孩子玩的各种"过家家"游戏并不是一些家长眼中幼稚、无聊的小把戏，而是他们观察和模仿成人、了解社会、融入社会的第一步。通过在游戏中的模仿、扮演，恰恰可以反映出孩子对世界的最初印象，而通过不断游戏的方式去体验各种新知识，也是儿童心理发展进步的一个重要表现。

第六章

家庭关系决定孩子的一生幸福

家庭关系会直接影响到孩子内心关系的建立。一个结构稳定、父母恩爱的家庭，可以为孩子提供稳定、温和、有秩序、规则统一的关爱，让孩子获得充足的安全感。而且，和谐的家庭关系还能教会孩子如何与他人友好相处、如何就各种问题进行协商与沟通，从而养成孩子健康、乐观、积极的个性心理，这是决定孩子一生幸福的关键所在。

好的夫妻关系成就健康的孩子

> 夫妻之间相互欣赏，是婚姻关系和谐的基础，也是亲子关系和谐的基础。一对矛盾重重的夫妻，既不可能拥有良好的亲子关系，也难以成就一个内心和谐、心理健康的孩子。因此，在家庭中，爸爸妈妈都应该有属于自己的合适位置，这个位置应该既让自己感到舒适，同时也让孩子感觉到舒适。

在一个家庭当中，夫妻之间的关系对孩子健康心理的形成起着非常关键的作用。夫妻之间感情融洽，家庭氛围和谐愉快，对于孩子身心的发展是一个非常有利的条件。但是，并非所有的家庭组合都是如此幸运，这也导致现在越来越多的孩子出现心理问题。而每一个有心理问题的孩子背后，都有一个有问题的家庭，其问题根源大部分也都出在夫妻的情感关系上。

娇娇原本有一个幸福的家庭，爸爸妈妈都很爱她，可从她2岁多起，爸爸妈妈就经常因为感情上的事开始吵架。幼小的娇娇常常在夜里被爸爸妈妈的争吵声和妈妈的哭声惊醒，每次她都被吓得大哭。

慢慢地，原本活泼可爱的娇娇变得不爱说话了，有时妈妈带她出去玩，她也不爱跟小朋友一起玩，总是一副心事重重的样子。而在夜里，娇娇还会时不时地突然惊醒，然后紧紧地搂住妈妈的脖子，小声地哭泣。

孩子最初来到这个世界上时，对世界是充满陌生感和不安全感的，而爸爸妈妈的爱就是他们建立信任和安全感的所有来源。对于孩子来说，他的幸福很简单，就是爸爸妈妈相爱，家庭温馨，让他无须为大人的事情烦恼，因为爸爸妈妈都是可以依靠的，他只需要做个快乐的宝宝就行了。

相反，家庭中夫妻关系不好，孩子的童年生活就会充斥着或多或少的不安全感和不幸福感，他们会害怕爸爸妈妈吵架，害怕爸爸妈妈不要自己，害怕自己失去温暖的家。在这种家庭环境下成长起来的孩子，也比较容易出现一些心理问题。

孩子是个敏感的精灵

别看孩子年纪小，他们可都是非常敏感的"小动物"，哪怕是不到 3 岁的小宝宝，也能敏锐地感知到爸爸妈妈的情绪变化。在他们世界里，爸爸妈妈就是最重要的人，所以他们也会细心地观察爸爸妈妈。一旦发现爸爸妈妈的情绪稍微与以往有所不同，他们就会受到影响。

儿童心理学家曾经做过相关的研究，结果发现，哪怕是几个月的小宝宝，当他们看到爸爸妈妈出现皱眉的表情时，也会产生难受的感觉；而当他们看到爸爸妈妈眉头舒展、嘴角上扬时，就会产生愉悦的感觉。而精神病学家通过相关研究发现，宝宝这些情绪变化的背后，都是他们大脑的"镜像系统"在发挥作用。"镜像系统"会让宝宝通过模拟大人的大脑，为自己带来相似的情绪感受。

由此可见，夫妻之间愉快、和谐地相处，就会给孩子带来愉悦的心理感受，让孩子感觉到安全和幸福。就像美国家庭治疗大师维吉尼亚·萨提亚说的那样，无论国王还是农夫，只要他的家庭和睦，他便是世界最幸福的人。

为孩子创造温馨的家庭环境

从孩子 6 个月起，他们就已经能对微笑的表情表现出偏好了，因为微笑对于孩子来说，往往代表着"喜爱""欢迎""安全感"。

著名发展心理学家沃克和吉布森曾进行过一项名为"视觉悬崖"的实验。在实验中，工作人员在宝宝和妈妈中间放置一个"悬崖"，"悬崖"的上面是透明的玻璃，宝宝可以在上面爬行，但因为"看起来"很危险，所有的宝宝都不敢过去。

这时，如果妈妈在"悬崖"的另一侧露出愉快、高兴的表情时，大多数宝宝都会勇敢地爬过"悬崖"；而当妈妈露出恐惧、生气的表情时，宝宝一般不会爬过去。因为对于宝宝来说，妈妈露出的愉悦表情就代表着"安全"，而生气的表情则表示"不安全"。当妈妈经常以一种愉悦、微笑的表情面对宝宝时，宝宝也更容易对妈妈产生信任感和安全感。

所以，要想成为好的父母，首先就要成为一个好丈夫、一个好妻子，这样才能为孩子营造一个充满温馨、舒适的家庭环境，让孩子能够沐浴着爱的阳光成长，在内心中建立起充足的安全感。而融洽稳定的家庭关系，也可以为孩子不断输送心灵营养，让他们敢于敞开心扉、迎接挑战。

最爱与妈妈的互动

哪怕在孩子很小的时候，很多妈妈也喜欢给孩子买各种各样的新奇玩具，但后来慢慢发现，与玩玩具相比，孩子更喜欢与妈妈进行各种互动。明明那些玩具都很有趣、很好玩，为什么孩子并没有产生浓厚的兴趣呢？原因就在于：孩子有妈妈的陪伴才最快乐。

宝宝从出生的那一天开始，就与妈妈之间形成了一种独特的、区别于其他情感的亲子依恋。这种亲密的关系也被称为是安全型的依恋关系。这种关系将会伴随孩子的一生，而且会影响孩子日后的心理成长、人格发展、社会关系等。

所以，我们会发现，当孩子是个小婴儿的时候，最喜欢的事就是黏着妈妈，与妈妈亲近。这并不是个别现象，很多0~2岁的宝宝都有这样的表现。这一方面源于母子之间的血脉相连，另一方面则是因为妈妈照顾孩子的时间更多，自然会成为孩子的主要依赖对象。孩子在妈妈身边也感觉更亲近、更舒适、更有安全感。

妈妈是孩子最好的"玩具"

照顾孩子是一件比较辛苦的事，尤其照顾 1 岁以内的小宝宝，为此，一些妈妈会给孩子买各种各样新奇的玩具，一方面为了开发孩子的智力，另一方面也是为了把自己从照顾孩子中解放出来，让自己能够休息一下。

但是，妈妈很快发现，孩子对于玩具的兴趣远远不如对妈妈的兴趣高。尤其是 1 岁以内的小宝宝，刚拿到玩具时，他可能会好奇地摸一摸，或者放在嘴里啃一啃，但很快就失去了兴趣，转而又去找妈妈玩了。即使对某个玩具产生了兴趣，通常也是因为妈妈在一旁陪伴和引导，和他一起玩，他才可能较长时间地关注玩具。其实在这个过程中，玩具只是妈妈的"衍生物"而已，宝宝更在意的仍然是妈妈，而不是玩具。

当然，也有一些 1 岁以内的宝宝会很"专注"地自己玩玩具，而不那么热衷于妈妈的陪伴。这可能因为妈妈平时陪伴宝宝的时间太少，宝宝已经习惯了自娱自乐。但是，如果宝宝一直回避妈妈，甚至对妈妈表现得很冷漠，你就要注意了，他以后很可能就会发展为"电视宝宝""游戏宝宝"，从玩具、电视、游戏中寻找心理满足感。到那时你再想纠正他的行为，恐怕就没那么容易了。现在很多孩子迷恋网络、迷恋游戏，如果追本溯源的话，通常都是因为平时缺乏父母的陪伴，才转而到网络和游戏中寻求满足感和安慰感的。

在女儿 5 个月时,李女士就恢复了工作。由于工作比较忙,有时为了处理手头的工作,她就把女儿放在小床上,在女儿手里塞几个玩具,让她自己玩。一开始女儿也会哭闹,但慢慢的,女儿就不闹了,每次妈妈塞给她几个玩具后,她就安静地在小床里自己玩。

这让李女士很庆幸,觉得女儿真的太好带了!可当女儿 1 岁多时,她经常看到女儿自己拿着两个玩具在一旁嘀嘀咕咕地说话,但女儿说的话她又听不懂。

有时休息了,她也会带女儿出去,但是女儿却不愿跟小朋友一起玩,也不理会小朋友。回到家后,李女士想跟女儿玩一会儿,女儿却很木然,似乎并没有兴趣跟妈妈玩,而是自己在一边玩。

李女士开始担心了,女儿是不是有些自闭呀?

李女士在养育女儿过程中，为了工作时不被女儿打扰，就忽略甚至直接切断了与女儿间的互动，忽略了女儿要通过与人互动逐渐建立起人际关系的能力。如果宝宝在 1 岁前不能获得妈妈充分的陪伴和关注，也不能经常与妈妈互动，就容易产生冷漠心理，甚至出现自闭现象。

积极与孩子进行互动

现在我们常说，要给予孩子高质量的陪伴，促进孩子的身心发育，这时一些妈妈就会说："我每天都在陪伴宝宝呀，他在旁边玩，我就坐在他旁边看看手机、看看电视。他需要我时，我就及时提供帮助，这不就是高质量的陪伴吗？"

要判断你对孩子的陪伴是不是高质量的，关键要看你当时的状态是不是放松的、专注的，是不是在与孩子进行一种积极而亲密的互动。这种状态不但妈妈自己可以感受出来，孩子也能感受出来。而且，在孩子需要你给予帮助或回应时，你要能及时给予他帮助和支持。比如，孩子在搭积木时，他什么时候需要帮助，什么时候需要你的回应，什么时候向你展示"成功"，你都要知道。如果你只是坐在旁边自己看手机、看电视，不能及时做出这些反应，那么这样的陪伴就算不上高质量，更算不上积极的互动。如果你经常这样陪伴孩子，孩子是根本感受不到你的关注和互动的。

还有些职场妈妈，每天要上班，根本没有那么多充足时间陪伴孩子、和孩子互动。在这种情况下，你可以每天选择一个固定时间来与孩子互动，比如，每天晚上抽出半小时时间专门陪孩子玩，可以一起做游戏，也可以给孩子讲故事，等等。在这个过程中，孩子同样能感受到妈妈给予他的全身心的关注，他也会因此而感到快乐、满足，与妈妈之间的关系也会更加亲密。

总之，3 岁以前的孩子最喜欢的活动就是与妈妈的互动，尤其当妈妈专心地陪伴他做一件事时，孩子的依恋需求就会得到满足，他也可以从这种亲密的依恋关系中感受到快乐、安全、自由，身心也可以获得健康的成长与发展。

爸爸多陪伴，孩子更开心

小贴士

孩子在成长过程中，不但会与妈妈形成亲密的关系，如果爸爸能经常陪伴孩子，孩子与爸爸的关系也会很"铁"，甚至比与妈妈的关系更加和谐。假如孩子长期缺乏爸爸的陪伴，就可能患上"缺乏父爱综合征"，导致认知、个性、情感、心理方面的障碍与缺陷。所以，爸爸一定要扮演好自己的角色哦！

在孩子的成长过程中，爸爸的作用不可或缺，但在现实生活中，很多爸爸因为工作或其他原因，往往难以经常陪伴孩子。曾经有一项调查显示，在中国80%的家庭中，爸爸都会缺席孩子的成长过程。不管是在教育、陪伴、情感还是各种问题的解决方面，爸爸能为孩子提供的支持都十分有限。

在一个家庭当中，妈妈通常都是保证孩子健康成长的基石。尤其对于3岁以前的孩子来说，妈妈就是他最熟悉、最亲近的人，也是他的一部分。一个心理健康、性格开朗的妈妈，往往能够让孩子获得心理上最初的安全感和依恋感。所以妈妈会发现，如果自己抱了其他宝宝，孩子就会很着急、很担心，害怕妈妈不要自己了。有些妈妈这时会开玩笑似的说孩子"小气"，孩子就会很受伤。

但是，这并不表示孩子的成长就不需要爸爸的参与，恰恰相反，在孩子1~3岁这个阶段，爸爸的角色非常关键。如果爸爸缺席孩子的成长，不仅让孩子与爸爸的关系不亲，还可能会给孩子的心理发育带来很多问题。

无法与他人建立亲密关系

因为爸爸的存在，孩子在成长过程中就会逐渐发现，除了和他最为亲密的妈妈外，还有另外一个人，那个人叫作"爸爸"。这就扩大了孩子的认知，促使他开始探索在妈妈之外更加广阔的外部空间。

然而，如果爸爸不能经常陪伴孩子，与孩子之间的情感不够亲密，孩子感受不到爸爸的存在和父爱，就容易造成一定的心理偏差。比如，他们会表现得很胆小、很冷漠，不轻易信任别人，也很难与他人建立亲密的关系。因为对于一个家庭来说，爸爸就是勇敢而强大的那一位，可以保护整个家庭，保护妈妈和自己。但如果孩子从小都跟随妈妈长大，他的心理和性格受妈妈影响就会更大，而爸爸强大、成熟、开阔的眼界和胸襟等，是他感受不到的，因此也会让他缺乏强大的力量感。而且为了保护自己，这样的孩子通常还会把自己的内心"藏"起来，不轻易向外人展露，也不愿意与外人亲近。

影响孩子的角色形成

儿童心理学家研究发现，爸爸对孩子性别发展和自身角色定位的影响，要比妈妈对孩子的影响更大。一般来说，男孩通过对爸爸性别的认同和模仿，逐渐发展起自己作为男性的性别特点，如独立、果敢、宽容、敢于冒险等；而女孩则会通过与爸爸的相处，以及在爸爸的关爱中，获得充足的安全感和特有的保护心理，并在爸爸身上获得关于异性品质的参照，促进其女性气质更好地形成。

相反，如果家庭中爸爸经常缺席，或者爸爸过于软弱，妈妈占据家庭的支配性地位，那么孩子就会因为与妈妈的关系过于亲密而表现出与妈妈更加相似的个性，比如男孩会表现出许多女性化的特征和心理，脆弱、敏感。

所以，每一位爸爸都应该在家庭中找准自己的位置，树立起自己良好的形象，尽可能多地花时间陪伴孩子成长，让孩子感受到父爱。

做孩子的玩伴和朋友

到了 3 岁左右，孩子会开始一个新的重要的心路历程，那就是与母亲逐渐实现心理上的分离，建立对父亲的认同感，这对于他们来说，也是非常有意义的成长标志之一。此时，多数宝宝已经具备了一定的独立能力，不再像小婴儿时期那样依赖妈妈了，所以爸爸就要更多地进入到宝宝的世界中，成为孩子非常好的玩伴和朋友，将孩子引向外面的世界，而不再仅仅局限于母子之间的亲密关系。

爸爸是向孩子呈现外在世界的关键性人物，可以引导和激发孩子对外界的兴趣、对现实的观察，从而开阔他们的眼界，并鼓励他们大胆地去探索和发现。在这个过程中，孩子不但能变得越来越勇敢、独立、自信，还会因为经常与爸爸之间互动而促进智力的发育、性格的养成以及心理的良性发展。

所以妈妈会发现，当孩子到了 3 岁左右时，会特别喜欢跟爸爸一起玩，并且在和爸爸玩时反应更强烈、心情更激动，似乎可以从爸爸那里获得各种各样刺激的体验，这对他们的身心成长是大有益处的。

而此时妈妈要做的，就是帮助孩子建立起对爸爸的信任，比如经常跟孩子说："爸爸很棒哦，会陪宝宝玩这么好玩的游戏！""爸爸好厉害，可以给宝宝做新玩具啊！"

总而言之，父爱与母爱在家庭教育中同等重要，妈妈给予孩子的是充足的安全感，而爸爸给予孩子的则是坚强、勇敢、大度、宽容、幽默等心理影响，这是妈妈难以替代的。所以，有爸爸陪伴的孩子，也一定是个非常乐观、自信、阳光，并且敢于大胆探索，对世界充满了信任感的孩子。

大宝的担心和焦虑

小贴士

国家二孩政策放开后，许多家庭迎来了二宝。但是爸爸妈妈发现，当二宝到来后，原本乖巧听话的大宝，并没有表现得像个哥哥或姐姐那样懂事，反而突然变得敏感起来，动不动就哭个不停。殊不知，这正是大宝对于二宝到来，感到担心和焦虑的一种体现。

如今，家有二宝似乎已经成为一种趋势。当二宝到来后，爸爸妈妈对大宝的关注就会明显减少，同时对大宝也有了更多期待，比如希望他能懂事、能听话，能像哥哥或姐姐那样爱护自己的弟弟妹妹。有的爸爸妈妈甚至还希望二宝的到来能让大宝尽快成长起来，一夜之间就从原来那个任性、撒娇的"熊孩子"，成长为一个乖巧、听话的"小天使"。然而，心急的爸爸妈妈可千万别忘了，大宝也只是个孩子而已！

对于任何一个年幼的孩子来说，如果在成长过程中缺乏爸爸妈妈的陪伴和关注，都会出现一些退行性行为，比如：不肯好好吃饭；睡觉时要妈妈陪，不然就不肯睡；明明已经会自己如厕了，却经常尿裤子；看到二宝玩玩具，就一定要把玩具破坏掉等，似乎随着二宝的到来，大宝不但没有长大，还变得更小了。有的爸爸妈妈看到大宝这样，就会很生气，甚至大声地责备大宝，结果大宝又因此哭个不停。

实际上，这并不是大宝故意找碴，从心理上来说，这是孩子身上一种常见的退行现象。如果爸爸妈妈不能很好地理解大宝，帮助大宝处理这种情绪和行为，就会令大宝更加敏感、脆弱、焦虑，甚至引发一些心理问题。

爱的"焦虑期"

因为二宝的到来，妈妈一个人照顾两个宝宝太辛苦，所以就把刚刚 3 岁的童童送去上幼儿园了。

　　第一天上幼儿园时，童童感觉很新鲜，还开心地跟妈妈再见，并告诉妈妈："妈妈你一会儿就来接我。"

　　而到晚上放学，妈妈去接童童时，童童就显得很不高兴，看到妈妈就嘟囔着说："你怎么才来接我？你把我放在幼儿园这么久，是在家陪妹妹吗？"

　　妈妈说："因为童童长大了，可以来幼儿园跟小朋友一起玩了呀！你看，小朋友的爸爸妈妈都是这个时候来接他们的。"

　　第二天，童童却怎么都不肯去幼儿园，妈妈就问她："那你告诉妈妈，为什么不想去幼儿园？"童童哭着说："我害怕你不来接我，你只要妹妹了，要把我扔在幼儿园……"

这就是孩子的一种担心和焦虑情绪的体现。而大宝之所以有这些表现，通常被认为是一种用于自我防止焦虑的防御机制。也就是说，当孩子处于一种失败、焦虑、担心、无助等状态时，就会丧失之前原本已经掌握的应对问题的方式和方法，而退行至早期生活中的某种行为方式，以满足自己的某种期待或欲望。这个状态也叫"爱的焦虑期"。

不仅如此，有些妈妈还发现，大宝会时不时地对二宝表现出一定的敌意，有时甚至会趁妈妈不注意而偷偷打骂二宝。妈妈一旦发现了大宝的这种行为，肯定很生气，会惩罚大宝。但这种惩罚又会让大宝更加焦虑，认为是因为二宝的到来，自己才被妈妈惩罚的，因此对二宝也更加抗拒和敌视。

所以，如果你已经有了两个宝宝，或者正准备生二宝，一定要提前对大宝进行心理建设。心理学上有个专业名词叫"同胞竞争"，说的就是同胞兄弟姐妹之间相处的微妙关系。不论是爸爸妈妈的爱，还是孩子的个人表现，当有了两个或两个以上的孩子后，他们之间自然就会有比较和竞争，关键在于爸爸妈妈要怎样妥善平衡其中的关系，从而尽量公平地去对待两个孩子。

二宝出生前，给予大宝充足的安全感

从心理学上来说，在对待妈妈生二宝这个问题上，个性独立的孩子通常比较容易接受，而过分依赖爸爸妈妈的孩子则恰恰相反。因为孩子个性独立的前提，是从爸爸妈妈那里获得了充足的安全感，并且他们已经具有了较高的自我价值认同感。所以，即使妈妈再生个宝宝，他仍然认为自己是值得爸爸妈妈爱的，也相信爸爸妈妈会一直爱自己。这种心态就会平复他因为二宝到来而产生的担心和焦虑。

相反，如果孩子对爸爸妈妈过分依赖，什么事都要靠爸爸妈妈来帮助和完成，那么他的安全感就不是很好。这时，二宝的到来就会加剧他的依赖心理，甚至让他认为，二宝会夺走爸爸妈妈对自己的爱，所以也会表现出过度的担忧和焦虑，对二宝也充满了嫉妒和敌意。

为了消除大宝可能出现的这种焦虑情绪，在二宝出生之前，爸爸妈妈就要做好充分的准备，平时多花时间陪伴大宝，给予大宝充足的安全感；或者与大宝讨论一下二宝到来后的事情，如让大宝帮弟弟妹妹选衣服、起名字等，让大宝知道自己是家庭中重要的一员，自己的地位并不会因为弟弟妹妹的到来而受到影响。这样不但会提高大宝的价值感，还能让他对二宝的到来充满期待。

二宝出生后，给予大宝充分的关注

大多数家庭在迎来二宝后，对大宝的关注都会相应地减少，这时就容易引发大宝的退行性行为。如果爸爸妈妈因此而责备大宝，不但不会让大宝改掉一些不当的言行，反而还会伤害到大宝，让大宝的不良情绪更加明显。

智慧的做法是多关注大宝的情绪变化，同时引导大宝参与到照顾二宝的过程中来，让他知道自己的重要性。比如，妈妈要给二宝换衣服，就请大宝帮忙拿一下衣服，并且在大宝拿来衣服后，夸奖一下大宝的表现，如："哥哥真能干，都会帮妹妹拿衣服了！"在给二宝换完衣服后，也可以请大宝来看看，如："哥哥快来看看，妹妹穿这件衣服好看吗？"

此外，妈妈也可以多在大宝面前说一说大宝作为哥哥或姐姐的好处，如："弟弟太小了，都不会玩这个玩具，哥哥就很棒，玩得很好！""妹妹真小，都不能吃冰激凌，只能喝奶，哥哥就可以吃冰激凌，真幸福呀！"

这些方式都会让大宝感受到爸爸妈妈对自己的爱和关注，当他不再担心二宝会分走自己的爱和关注时，就不会产生"失宠"的感觉，也不再把弟弟妹妹当成自己的竞争者、掠夺者了，而是会发自内心地接纳自己的弟弟妹妹。

离异后，也能做优秀父母

小贴士

　　每一对爸爸妈妈都想给孩子一个完整、幸福的家，但如果因为种种现实原因不得不选择离婚时，肯定会给孩子带来一定的伤害。这时，如何将对孩子心灵的伤害降到最低，是需要爸爸妈妈必须认真对待的问题。

一位妈妈找到儿童心理咨询师，说自己有一个 3 岁的女儿，因为爸爸沉迷于赌博，自己与他离婚了。但自从爸爸离开后，女儿经常闷闷不乐，有时还会说自己很想爸爸，爸爸不回来真没意思。她很担心离婚这件事会影响到女儿的身心健康，不知道该怎么办。

　　一个破碎的家庭，不但对两个曾经相爱的人来说是一场无法触及的伤痛，对于孩子来说，同样会令他们受到严重的伤害。哪怕只是襁褓中的小婴儿，也会因为爸爸妈妈的离异而受到影响。

　　有些家长觉得，如果双方离异发生在孩子的婴幼儿时期，即 1 岁以前，孩子什么都不懂，只要以后仍然好好爱他，就不会对他产生什么影响。但实际上，很多妈妈发现，在夫妻离异后，宝宝经常会出现情绪问题，比如比以前更容易哭闹、经常生病，或者之前养成的习惯无法再继续坚持，变得特别黏人，一刻都不许妈妈离开等等。可见，就算是一个懵懂的小婴儿，也会对家庭结构和亲密关系的变动产生敏锐的感知。

　　如果夫妻双方是在孩子 3 岁左右离异的话，对宝宝的影响会更加严重。因为这时宝宝的自我意识已经初步形成，同时也已经在学着寻找因果关系了。就像他在搭积木时一样，如果积木倒了，他会明白，这是他用的积木不对，他会再重新尝试一下。但是，对于爸爸妈妈离婚这件事，他却弄不明白是为什么，那么他就可能把错误归咎到自己身上，认为爸爸妈妈分开是因为自己做错了什么。如果爸爸或妈妈不能给予宝宝及时恰当的心理疏导，他们可能就会因此而变得敏感、焦虑，有时也会表现出低落、烦躁的情绪，甚至会以生病来试图挽回爸爸妈妈的关系。

那么，这是不是表明夫妻之间即使出现难以调和的矛盾，也要为了避免孩子受到伤害而选择继续在一起，哪怕貌合神离也不离婚呢？难道就没有更好的方法，能让孩子在爸爸妈妈离异的情况下也能身心健康地成长吗？

给予孩子足够的温暖与关爱

如果夫妻双方不得不走向离婚这一结局，获得孩子监护权的一方就要尽可能地保证让孩子得到足够的温暖与关爱，切不可因为自己离异后情绪不佳就冷落孩子，甚至迁怒于孩子，这对孩子的身心健康是非常不利的。如果孩子不能从爸爸或妈妈这里获得足够的关注和安全感，他就会产生焦虑情绪，要么变得敏感、懦弱、情绪低落，要么变得烦躁易怒，情绪波动巨大，甚至会通过攻击别人来保护自己。

因此，照顾孩子的一方不仅不能忽视孩子，还要特别重视孩子的个性成长，对于孩子的生活习惯、日常言行等都要认真规范。但是，这并不表示对孩子一味地严格，而是在尊重孩子成长规律的基础上，帮助他们发展健康的身心。

未取得监护权的一方也要与孩子保持亲密关系

在离异以后，即使一方离开了家，不再每天与孩子生活在一起，也要尽可能多地去探视孩子，与孩子保持亲密的关系。如果你能够做到这一点，孩子一般都能很好地适应爸爸妈妈离婚后的生活。

当然，这也需要取得监护权的一方积极配合，不能因为与对方有矛盾或怨恨，就不让孩子与爸爸或妈妈接触。你必须明确的一点就是，即使你与对方离婚了，孩子与对方之间的关系也是纯粹而不可更改的。允许孩子经常与对方见面，不但不用担心孩子因此而疏远你，反而还会让孩子获得更多来自爸爸或妈妈的情感关注。

与此同时，我们也不要对孩子说对方的坏话，诋毁对方，比如不要这样对孩子说："是你爸爸不要我们了！""因为你妈妈做了坏事，我们不要她了！"这会严重破坏对方在孩子心里的美好形象，而且还会破坏孩子的安全感和对他人的信任感，孩子会觉得：我那么爱爸爸，爸爸却不要我们了，所以人是不值得信任的。显然，这会严重影响孩子的是非观和人生观、价值观的建立。

不管你与对方因何分开，你都要经常告诉孩子："虽然爸爸妈妈不在一起生活了，但爸爸妈妈仍然还是最爱你的，对你的爱也不会因为不住在一起而减少一丝一毫。""如果你需要帮助，爸爸妈妈都会第一时间给予你帮助。"这样才能给予孩子绝对的安全感，让他明白，即使爸爸妈妈不在一起了，自己获得的爱也不会减少。

要让孩子认同父亲

孩子到了 3 岁左右，会开启一个重要的心路历程，就是逐渐与母亲实现心理分离，转而认同父亲。这是一个非常有意义的成长标志。

　　所以，哪怕夫妻双方已经离婚，而孩子由妈妈照顾，妈妈也要在孩子面前有意识地多提爸爸的优点，比如："爸爸很勇敢、很强大，可以保护宝宝！""爸爸是个很幽默的人呀，宝宝跟爸爸一起玩就会很开心。"

　　如果发现孩子对爸爸表现出不信任、不尊重时，比如在与爸爸见面时质问爸爸："你为什么不回家来，是不是做了坏事不敢回家？"或者对爸爸说："你是个坏爸爸！"妈妈就要及时反省一下自己，是不是因为自己在孩子面前无意识地否认了对方，或者批评、指责对方时被孩子听到了。

　　孩子一旦从妈妈这里获得这样的信息，他的内心就会产生冲突：爸爸到底是好爸爸还是坏爸爸？当他不能解开这些困惑时，就会渐渐失去对爸爸的兴趣，甚至觉得爸爸真的就是个坏人。而在这种情绪和错误认知下成长的孩子，未来在与异性交往时也容易出现问题。女孩更多地认同妈妈，就会全盘接受妈妈的做法：指责对方、批评对方；男孩可能既不认同妈妈，也没有形成对爸爸的良好认同，继而容易形成自卑、懦弱等个性，并且还会对"没出息""无能"一类的信息格外敏感。

总而言之，离异对孩子的身心健康来说，并不是不可挽回的伤痛，只要爸爸妈妈都能够精心呵护孩子的成长，时刻读懂孩子表现出来的情绪和情感状态，即使你们不能在一起生活，也同样可以做一对优秀的父母，孩子的内心也依然可以健康、充满阳光。

隔代养育，爱的氛围最重要

小贴士

宝宝出生后，立刻就会成为长辈们的"宠爱收割机"。如果爸爸妈妈因为工作关系，而不得不将宝宝交给老人照顾，那么家庭中就会出现隔代养育现象。由于两代人的教育观念不同，隔代养育总会出现各种各样的矛盾。这时，如何营造充满爱的家庭氛围就变得很重要。

现如今，隔代养育现象越来越多。据 2017 年北京市家庭建设促进会开展的一个调研显示，北京的隔代养育率达 80%，上海则高达 88.9%。可以说，隔代养育已成为现在中国家庭的一个比较普遍的现象。

当爸爸妈妈不得不外出打拼，将孩子交给老人照顾时，可能就会产生这样的担忧：老人的育儿理念不够先进，都是用"老方法""老经验"带孩子，会不会让孩子养成一些不好的习惯或形成不良的心理呀？

这种担心不无道理，尤其是性格比较固执的老人，更喜欢用老一辈的经验来压制年轻人，在育儿问题上就容易与孩子的爸爸妈妈产生矛盾。加上带孩子本就是一件辛苦的事，老人精力有限，感到疲倦或者想要防止孩子哭闹时，可能就会满足孩子的一些无理要求。对于年幼且缺乏判断力的孩子来说，这些观念上的冲突或日常做法很容易给他们带来困扰，甚至会使他们的性格、心理等出现一些问题。

隔代疼爱，重养轻教

3 岁的东东聪明伶俐，但上幼儿园后，却成了让老师头疼的孩子。他会把教室里所有的桌椅、玩具、书籍全都拿起来，要么扔到一边，要么就打人，还不住地叫喊。老师通过观察还发现，东东虽然非常爱动，但动作并不协调，双脚不会同时跳，面部经常出现紧张的表情。他还经常说动画片《奥特曼》中的语言，原来东东在家每天都看《奥特曼》，他是把自己当成"奥特曼"了。

后来老师了解到，由于东东的爸爸妈妈工作忙，东东很小就跟爷爷奶奶一起生活。爷爷奶奶很溺爱东东，平时东东淘气不听话时，爷爷奶奶就让他看动画片，这时东东就老实很多。东东最喜欢的动画片就是《奥特曼》，几乎每天都要看。不仅如此，为了让东东高兴，爷爷奶奶还经常充当动画中的角色，和他一起模仿着打仗玩。

就这样，3岁的东东将现实与动画世界的界限搞模糊了，从而出现了感觉统合失调、多动等成长问题。

与爸爸妈妈相比，老人在带孩子时，对孩子会更加疼爱，有时甚至会比较溺爱，什么事都迁就孩子。在这种溺爱、祖护环境下成长起来的孩子，也更容易形成任性、霸道、为所欲为等性格。有时爸爸妈妈管教得严格一点儿，孩子就会撒泼耍赖，跑去找爷爷奶奶、姥姥姥爷告状，让他们给自己"做主"，结果弄得一家人都很不愉快。爸爸妈妈觉得老人太溺爱孩子，把孩子惯坏了；老人觉得爸爸妈妈平时不管，一管就把孩子弄哭，要不就觉得孩子还小，长大自然就好了。而这种家人之间育儿理念的不一致，又容易让孩子产生混乱的是非观。

不仅如此，老人在带孩子时，还经常出现"三多"现象——操心多、溺爱多、包办多，时时处处都对孩子照顾有加，生怕孩子饿着、冻着、伤着。孩子不吃饭，就追着喂；孩子出门，冬天要穿得里三层外三层，生怕冻着，夏天可能还要在后面帮助打伞摇扇子；孩子想玩什么，怕伤到、碰到，不让动、不让摸；孩子不想走路，干脆就背着、抱着，用车推着；等等。虽然这一切都是出于长辈对孩子的爱，但长期下去，很容易使孩子缺乏独立性、抗挫折能力差，产生严重的依赖心理和脆弱心理。

可是，有些家长因为种种原因，又不得不把宝宝交给老人带。这时该怎样协调与老人之间不同的育儿观念，帮助宝宝形成健康的心理呢？

与老人相互理解，表达感激

在老人帮忙照顾孩子时，很多爸爸妈妈出于对教育孩子的焦虑心理，经常一开口都是这样的责怪：

"妈，您不要总给宝宝喂饭，让他自己吃！"

"爸，您别老让宝宝看电视，对眼睛不好！"

"不要宝宝一哭就给零食吃，您可以和他讲道理！"

"别总用大人的筷子给宝宝夹菜，会传染细菌！"

"不要事事都依着宝宝，那会把他惯坏的！"

……

我们担心长辈的溺爱会让孩子养成不好的习惯，担心他们对孩子的过度保护或代劳会妨碍孩子的自理能力、独立性的发展。这种心情可以理解，但是，如果我们转换角度来思考的话，就会看到长辈所做这一切其实都出于对孩子的爱。

美国临床心理学家南希·麦克威廉姆斯曾经说过："在所有的文化当中，祖辈都是溺爱孩子的，无论是在美国、欧洲，还是在中国，这并没有什么问题。而且来自祖辈的适当的溺爱，对孩子来说是一种美好的体验。"

所以，与其过分担忧这一切，不如多看看老人在孩子身上付出的爱。如果我们总是不厌其烦地纠正老人的某些育儿观念和举止，就会令老人感到不快，很容易造成一种紧张的家庭氛围，反而对孩子的身心成长不利。与其如此，不如放下偏见，先感谢对方的付出，营造一个充满爱的家庭氛围。

比如，下班后看到奶奶正在给孩子做饭，妈妈就可以这样说："妈，您每天都给宝宝准备各种各样的营养餐，看着就有食欲，宝宝被您喂养得真好！"

周末看到爷爷带着孩子出去玩，就可以这样说："爸，您每周末都牺牲自己的休息时间，带宝宝出去玩，真是辛苦了！宝宝每次跟您出去玩完回来都特别开心，总说爷爷又带他去哪里哪里玩了。"

老人的内心也与小孩子一样，也是渴望肯定和赞美的，尤其是得到孩子们的赞美。个体心理学家阿德勒就曾经说过："人天生追求归属感与价值感。"当老人认为自己的付出被看见、被认可时，就有了在这个家庭的归属感，因而也更愿意融入年轻人的生活方式，对不同的育儿理念也会更愿意听从和接受。

更重要的是，当我们经常向老人表达感激和认可时，孩子就会潜移默化地受到影响。要知道，3岁前的孩子模仿能力是很强的，当他看到爸爸妈妈经常这样对爷爷奶奶、姥姥姥爷说话时，他也会经常学着爸爸妈妈的样子，对爷爷奶奶、姥姥姥爷表达自己的感激和爱，这无形中就让孩子养成了懂得感恩的个性和具备了爱的能力，对孩子的心理健康非常重要。

解决关系后，再解决问题

当我们与老人之间形成融洽的关系后，再与老人沟通关于孩子的教养问题就会容易得多。老人之所以溺爱孩子，是出于对孩子的爱，明确了这一点，我们就需要与老人统一战线，让老人也意识到，爸爸妈妈的养育观念同样是爱孩子的，我们都是同一个团队中并肩作战的"战友"，而不是敌人。

与此同时，我们在与老人沟通时，可以尝试用"请求"而不是"要求"的说话方式，比如可以这样对老人说："妈，我看到宝宝边跑您边给他喂饭，我担心这样宝宝吃东西容易呛到。而且我也有点担心，宝宝不会自己坐下来吃饭，上幼儿园没人喂，他自己不会吃。所以我希望能在家里慢慢培养他自己吃饭的习惯，我们就先让他从跟着大人一起吃饭开始练习，您看怎么样？"

同时，我们也要与孩子讲好："爸爸妈妈和爷爷奶奶都已经说好了，从今天起，就让宝宝自己吃饭。我们大家一起看看，宝宝自己吃饭吃得是不是很棒？"

通过以上的沟通方式，我们不但更容易解决育儿观念中的问题和冲突，还会让家里的气氛更加融洽、温馨、充满爱。孩子在这样的家庭环境中成长和生活，他的身心才会得到充足的爱的滋养。

当然，爸爸妈妈才是影响孩子最深远的人生导师，是教养孩子的第一责任人。为人父母，不论你的工作多么繁忙，平时都要尽可能地抽些时间陪伴孩子。同时，在教养孩子的问题上，也要积极与老人沟通交流。爸爸妈妈必须成为最了解自己孩子的人，而不是一出现问题就把责任推到老人头上，这样才能营造出温馨的家庭环境，建立起与孩子之间健康的依恋关系，帮助孩子形成健全的人格和健康的身心。